일본 사회의 서벌턴 연구 6
서벌턴의 재현과 주체화

한국외국어대학교 일본연구소
일본사회의 서벌턴연구 총서 06

# 일본 사회의 서벌턴 연구 6

## 서벌턴의 재현과 주체화

김경희 · 이부용 · 김영주 · 이권희
강소영 · 오성숙 · 금영진

Publishing Company

## 머리말

'동아시아의 호모커뮤니쿠스' 문화를 선도하는 한국외국어대학교 일본연구소는 1990년 정식 발족하여 일본의 언어, 문학, 문화, 역사, 정치, 경제 등 인문·사회과학에 관한 종합적인 연구를 통하여 한국에서의 일본 연구뿐만 아니라, 학술지 간행, 학술대회 개최, 다양한 공동 연구 수행을 통해 동아시아 지역 상호 간에 지속 가능한 소통과 상생을 위한 다양한 학술·연구 활동을 전개해 오고 있다. 본 연구총서 <일본 사회의 서벌턴 연구 6 – 서벌턴의 재현과 주체화>는 본 연구소가 2019년 <일본 사회의 서벌턴 연구: 동아시아의 소통과 상생>이라는 주제로 한국연구재단의 인문사회연구소지원사업(1단계 3년, 2단계 3년 총 6년)에 선정되어 진행하고 있는 공동연구의 결과물을 엮은 것이다.

본 연구팀에서는 연구과제에 참여한 연구진의 연차별 연구성과 및 연구소 주최 학술대회와 콜로키엄에 참가한 외부 연구자와의 교류 성과를 모은 연구총서를 1년에 2권씩 6년간 총 12권을 간행하여 연차별 연구주제에 관한 연구성과물을 유기적으로 엮어냄으로써 본 연구과제의 목적과 성과를 명확히 하고, 이를 외부로 발신하여 제 학문 분야에서 활용할 수 있는 기초적 자료를 제공하고자 한다. <일본 사회의 서벌턴 연구6 – 서벌턴의 재현과 주체화>는 6인의 전임 혹은 공동연구원과 1인의 초빙 연구자의 연구성과물을 엮은 그 여섯 번째 결과물이다.

본서 수록 논문을 간략하게 소개하면 다음과 같다.

김경희의 <서벌턴 연구에서 '재현'의 문제와 지식인의 역할−당사자성 문제에 주목하여>는 스피박의 지식인 비판의 관점에 주목하여 재현의 문제를 서벌턴 연구자의 입장에 적용하여 생각해보고자 한 것이다. 스피박의 서벌턴 담론에서 논의된 지식인 비판의 관점을 확인하고, 이를 일본 사회에서 활발하게 전개되고 있는 당사자성 연구에 적용해봄으로써 서벌턴 연구를 수행하는 데에 당사자성이 어떠한 의미를 갖는가를 논하고 있다. 이것은 '서벌턴은 말할 수 있는가'의 문제를 '서벌턴의 목소리를 어떻게 들을 것인가'로 접근하는 방식이자, 서벌턴 연구자가 당사자성을 어떻게 획득할 것인가에 대한 고민이다.

이부용의 <『오치쿠보 이야기』에 나타난 사회적 약자로서의 여성의 삶 >은 문학이 사회를 반영한다는 점을 전제한 다음에 『오치쿠보 이야기(落窪物語)』에 그려진 여성의 삶에 주목하여 계모담에 각인된 사회적 약자의 삶의 모습에 대해 고찰하고자 했다. 당대에 이미 많은 독자를 가지고 있었던 이 작품은 오치쿠보 아가씨와 시녀 아코기(あこぎ)를 중심으로 여성들의 삶을 그리고 있다는 점에서 사회적 약자로서의 여성의 삶이 어떻게 기록되고 향유되어 왔는가를 살피기 위한 중요한 자료가 될 수 있으며, 기존의 연구가 텍스트를 상세하게 분석하고 작품론에 대한 논의를 더해가는 것이었다면 이부용은 조금 방향을 달리하여 마이너리티의 목소리를 반영하고 있

는 자료로서 이 작품을 다루고 있다.

김영주의 <아이누 민족의 문화적 주체화—일본의 대중매체를 중심으로>는 대중매체를 중심으로 아이누 민족의 문화적 주체화에 대해 고찰한다. 먼저 일본 정부의 아이누 문화정책을 확인하고, 아이누 민족과 관련하여 주목할만한 대중매체와 일본 사회의 동향을 살펴보고, 마지막으로 아이누 민족이 직접 운영하거나 아이누 민족에 관한 프로그램을 정기적으로 방송 중인 대중매체를 살펴봄으로써, 아이누 민족의 문화적 정체성과 자긍심 회복에 대해 생각해보고자 하였다.

이권희의 < 근대 일본 사회의 '장해자' 인식에 관한 고찰—메이지 시대의 장해자 교육를 중심으로>는 전근대, 근대를 불문하고 차별과 편견 속에서 공동체로부터 배제되는 존재였던 장해자에 주목한다. 종래 장해·장해자에 대한 연구가 대부분 시대별 장해에 대한 인식과 장해 생성의 프로세스와 사회적 배경을 통시적으로 망라하며 장해인들의 삶의 형태에 주목해왔던 것에 비해, 장해자를 서벌턴으로 규정하고, 장해아 교육을 중심으로 '국민'으로서의 자격을 제한 또는 박탈당하고, 국민국가 내부에서 배제·격리·관리·통제를 당하는 대상이었을 뿐만 아니라 단종의 대상이 되기도 했던 장해자에 대한 인식을 교육제도사적 관점에서 분석하는 이권희의 글은 비장해인 중심의 사회에서 장해를 가지고 태어나 그야말로 '말할 수 없는' 사회적 약자로 살아갈 수밖에 없었던 장해자에 대한 그릇된 인식, 차별과 배제, 그리고 동화와 포섭, 나아가 공존과 상생의 방법을 모색하기 위한 기초작업으로서의 의미를 갖는다.

7

강소영의 <오사카 재일 코리안의 '공생'과 '상생'-서벌터니티를 넘어 트랜스내셔널로 >는 오사카의 대표적 재일 코리안 거주지역인 이쿠노구(쓰루하시 및 구 이카이노 지역)를 중심으로 그 서사와 더불어 오사카시의 '다문화 공생' 개념과 지침에 대하여 일본 내의 '공생' 개념을 보조선으로 하여 살펴보았다. 이 글을 통해 쓰루하시와 이카이노라는 식민성에서 유래한 재일 코리안 거주지역이 2023년 현시점에서는 일본 내 새로운 문화적, 지정학적 서사를 가진 지역으로 탈바꿈하고 있다는 것을 확인하게 될 것이다.

오성숙의 <식민지, 전쟁, 원폭과 트랜스내셔널 서벌턴-한국 원폭 피해 여성의 역사 주체 되기>는 식민지 지배와 그로 인한 궁핍으로 일본으로 건너간 후 피폭된 원폭 피해자 여성 1세대, 2세대를 중심으로, 증언, 평전, 그리고 이를 바탕으로 쓴 김옥숙의 소설『흉터의 꽃』을 중심으로 살펴보았다. 제국주의 담론과 가부장제 담론 아래 억압되고 침묵 되었던 서벌턴성을 고찰하고, 더 나아가 서벌턴성의 극복으로서 그녀들의 목소리 내기와 이에 귀 기울이는 듣기의 공동체의 형성과 연대에 주목한 오성숙은 그녀들의 목소리 내기를 생존과 인권, 보편적 삶, 건강한 삶으로의 과정으로 복원하여 '한국 원폭 피해 여성들이 역사의 주체가 되는 역사적, 정치적 주체화에 이르는 가능성으로 읽어내고자 했다.

금영진의 <한일 서벌턴의 도박중독과 국가권력의 미필적 고의>는 도박중독자들을 서벌턴의 범주에 포함하여 한일 양국 서벌턴의 도박중독 문제와 국가의 미필적 고의, 그리고 그 도박중독 책임의 문제점과 그 대안에 대해 살펴보았다. 도박중독자 뒤에는 인간의 허황한 욕심을 부추기며 기생하는 자들이 있고, 거기에는 도박을 합법적으로 허용한 '국가'도 있다. 이 글에서 금영진은 서벌턴의 도박중독에 대한 국가권력의 미필적 고의와 책임 문제에 대해 검토함과 동시에 우리와 상황은 다르지만 이미 파친코 도박중독 문제로 홍역을 치른바 있는 일본의 도박중독 대책의 문제점을 교훈 삼아, 우리나라 상황에 맞는 새로운 예방대책을 제안하고 있다.

이상 7편의 연구를 살펴보았는데, 한일 양국의 서벌턴 문제는 역사적 사건을 공유하며 정치·경제적으로 복잡한 관계망 속에 초국가적으로 얽혀있다. 서벌턴은 시대와 지역을 막론하고 사회체제의 최하층과 말단 주변부에 존재해왔으며 지금도 존재하고 있다. 이에 한일의 역사적, 문화적 특수 관계 속에서 핵심 관련자인 일본의 서벌턴 문제에 천착하여 창출한 연구성과를 엮은 본서는 궁극적으로 한국 사회의 서벌턴 문제를 이해하고 해결할 수 있는 단서를 제공할 수 있을 것으로 기대한다.

마지막으로 연구자 여러분과 이 책이 세상에 나올 수 있도록 출판을 허락해주시고 이렇게 멋진 책으로 만들어주신 제이앤씨의 윤석현 대표님, 실제로 실무 작업을 맡아주신 최인노 과장님께 감사의 마음을 전한다.

2023년 12월
연구진을 대신하여
문명재

# 차례

# 서벌턴 연구에서 '재현'의 문제와 지식인의 역할

김 경 희

## 1. 머리말

에드워드 사이드(Edward W. Said)는 『오리엔탈리즘』(1978)에서 서양이 동양에 관계하고 동양을 재현하는 방식으로서의 오리엔탈리즘을 비판하였다. 그것은 첫째 오랫동안 동양을 해석해오고 지금도 널리 인정되고 있는 학문과 관련한다. 동양에 대해 가르치고 집필하거나 연구하는 사람들이 오리엔탈리스트이며, 예컨대 그들이 행하는 동양연구나 동양지역연구들이 바로 오리엔탈리즘인 셈이다. 둘째는 그러한 학문적 전통과 관련하여 동양과 서양이라고 하는 것 사이에 만들어지는 존재론적이자 인식론적인 구별에 근거한 하

나의 사고방식이다. 세 번째는 동양을 지배하고 재구성하며 억압하기 위한 서양의 스타일이다.[1]

사이드의 이러한 오리엔탈리즘 비판은 서양의 학문과 예술이 지금껏 '동양'이라는 타자를 만들어냄으로써 서양이라는 주체의 구도를 강화해온 것에 대항하여, 그들의 역사에 공고하게 자리 잡은 지식의 체계를 해체하고 전복하려는 시도이다. 즉, 인간의 해방과 합리적 이성의 구현을 내세우며 보편적 가치와 객관적 진리로 행세한 "서구의 인본주의가 실은 인종주의나 제국주의와 같은 유럽의 지배 이데올로기와 밀접한 공모 관계에 있었음을 폭로"[2]하고자 하였다. 오리엔탈리즘 비판은 모든 지배와 피지배 관계가 낳는 왜곡된 상태를 비판하는 보편적 시각을 제시했다는 점에서 포스트식민주의(Postcolonialism)[3]의 주요한 담론이다.

---

1 사이드는 이 세 번째 의미가 앞의 두 가지보다 역사적으로나 실질적으로 오리엔탈리즘의 의미를 더욱 한정한다고 강조하였다. 오리엔탈리즘의 출발을 18세기로 보면서, 동양에 관하여 서술하거나 묘사하고 동양에 관한 견해에 권위를 부여하여 그곳에 식민지를 세워 통치하기 위해 동양을 다루기 위한 동업조합적인 제도로 설명한다(에드워드 사이드, 박홍규 옮김(2014)『오리엔탈리즘』, 교보문고, pp.16-18).

2 이경원(2006)「오리엔탈리즘, 시오니즘, 테러리즘-사이드의《팔레스타인 문제》」; 김상률 외(2006)『에드워드 사이드 다시 읽기』, 책세상, p.236.

3 포스트콜로니얼리즘(Postcolonialism)은 포스트식민주의, 또는 탈식민주의로 번역되고 있지만, 어느 한쪽으로 그 의미를 규정하기는 쉽지 않다. 탈식민주의를 둘러싼 여러 논쟁의 이면에 작용하는 2차세계대전 이후의 서구와 제3세계의 정치적 문제들이 복잡하게 얽혀 있기 때문이다. 거기에는 '포스트'(post)라는 접두사를 어떻게 해석할 것인가가 중요한 문제가 된다. '포스트'를 '이후'(after)라는 의미로 해석하면 식민주의의 연장선상에서 파악해야 할 일종의 유산이 되고, '탈피'나 '초극'(beyond)의 의미로 해석하면 식민주의의 해체와 극복이라는 탈식민주의의 정체성을 획득하게 된다(이경원(2011)『검은 역사 하얀 이론』, 한길사, pp.25-26 참고). 이 글에서는 오늘날 대부분의 나라에서 식민 지배가 청산되었다고 하지만, 실은 보이지 않는 형태로 국가 간의 불평등과

근대화와 식민주의의 관계에 주목한 역사학자 사카이 나오키(酒井直樹)의 문제의식도 이와 시선을 같이 한다. 사카이는 고모리 요이치(小森陽一)와의 대담에서 포스트식민주의 연구자가 연구하는 대상과 이미 공범 관계에 있다고 지적한다. 근대화·국민화가 진행되는 과정에서 학문이 매조리티(majority)와 마이너리티(minority)의 분할작업에 관여했으며, 그 분할이 필연적으로 마이너리티를 구축하게 한 것이다. 포스트식민주의 연구자는 자신의 연구가 그러한 권력관계의 재생산에 관여하고 있음을 민감하게 받아들여야 한다고 강조한다.[4]

포스트식민주의 담론의 핵심적인 글로 주목받는 가야트리 차크라보르티 스피박(Gayatri Chakravorty Spivak)의 논문《서벌턴은 말할 수 있는가?(Can the Subaltern Speak?)》(1988/1999)[5]를 중심으로 하는 서벌턴 담론[6]에서 지식인이 종속적인 주체를 재현하는 것은 매우 중요한

---

차별적 구조가 여전히 지속되고 있다는 문제의식을 중시하여 포스트식민주의로 번역하여 사용하고자 한다.

4 酒井直樹(2001)「戦争の·植民地の知をこえて」, 栗橋彬 他 編,『知の植民地 : 越境する』, 東京大学出版会, pp.39-42. 이와 같은 그의 견해는 다음 논문(2017)「「失われた20年」と帝国の喪失 : ポスト·コロニアルな条件と日本研究の将来」(『失われた20年と日本研究のこれから·石なわれた20年と日本社会の変容』, 海外シンポジウム, pp.87-97.)에서도 살펴볼 수 있다.

5 스피박은 1988년에 처음「서벌턴은 말할 수 있는가?」를 발표하고, 이후 본문을 수정하여 1999년 저작『포스트식민 이성 비판』의 3장 '역사'의 일부로 재수록했다.

6 서벌턴이란 용어는 이탈리아의 마르크스주의 사상가 안토니오 그람시(Antonio Gramsci, 1891~1937)의 'Subaltern(하위주체)'이라는 개념에서 차용한 것이다. 하위주체란 지배계층의 헤게모니에 종속되어 권력을 갖지 못하는 하층계급으로서, 그람시는 프롤레타리아를 대신하여 지칭했다. 그에 대해, 스피박은 교육을 받지 못한 '제3세계'의 가난한 여성들로서 이중으로 놓인 구조 속에서 자신의 목소리를 갖기 어려운 사람들에 주목함으로써 서벌턴의 개념을 확장시

문제이다. 로잘린드 모리스가 편저한 『서벌턴은 말할 수 있는가?-서벌턴 개념의 역사에 관한 성찰들』(2010)[7]에서 스피박은 미셸 푸코 (Michel Foucault, 1926~1984)와 질 들뢰즈(Gilles Deleuze, 1925~1995)의 대담을 인용하며 서양 두 철학자의 견해를 강하게 비판한다. 1972년에 이루어진 푸코와 들뢰즈의 대담은 이후 《지식인과 권력》이라는 제목으로 수록되는데, 이 인터뷰에서 두 철학자는 지식인의 새로운 위상과 역할, 그리고 지식인과 투쟁의 관계에 대해 정의한다. 기존의 지식인과 대중과의 관계로부터 탈피하여 지식인은 대중을 대변할 수 없으며 그들은 스스로를 대변할 수 있다는 것이다. 스피박은 그러한 지식인의 태도가 제3세계 여성 서벌턴의 침묵이나 자기파괴적 행위를 설명할 수 없다고 지적하면서, 서구 담론 안에서 제3세계 주체가 재현되는 방식을 문제 삼는다. 책 제목에서도 보듯이 과연 목소리를 빼앗긴 서벌턴이 자신의 목소리를 낼 수 있는가에

---

켰다. 스피박이 이 책에서 사용하는 서벌턴이란 계급, 민족 혹은 민중 등으로 대표되는 고정적이고 통합된 주체가 아닌, 비서구 사회의 종속집단을 의미하는 확장된 개념이라고 할 수 있다.

7  1988년에 처음 발표된 논문 「서벌턴은 말할 수 있는가?」의 원래 제목은 「권력, 욕망, 이해관계(Power, Desire, Interest)」였다. 스피박은 서구 주체의 비판 자체가 하나의 주체를 도입하고 있다고 말하며, 주체로서의 유럽의 역사가 서구의 법·정치체제·이데올로기에 의해 서사화됨에도 불구하고 자신이 은폐된 주체로서 '어떠한 지정학적 결정 요소'도 가지지 않는 척을 한다고 비판하였다(『서벌턴은 말할 수 있는가?: 서벌턴 개념의 역사에 관한 성찰들』(그린비, pp.399-400). 국내에서는 태혜숙에 의해 1988년 논문의 첫 판본이 「하위주체는 말할 수 있는가?」라는 제목으로 번역되어 1998년에 『세계사상』(4호)에 수록되었고, 이후 2005년에 『포스트식민 이성 비판』(공역, 갈무리)이 번역되었다. 2010년에 로잘린드 모리스 편저로 출간된 『서벌턴은 말할 수 있는가?: 서벌턴 개념의 역사에 관한 성찰들』(그린비, 2013)에는 1999년의 수정본이 1부로, 1988년의 원본이 부록으로 수록되었다. 이 글에서 「서벌턴은 말할 수 있는가?」의 본문 인용은 이 책의 쪽수로 표기한다.

대한 문제 제기이다.[8]

이렇듯 앞에서 언급한 포스트식민주의 관련 담론이나 서벌턴 연구에서 '재현'의 문제는 매우 중요한 지점이다. 더욱이 포스트식민주의 연구자와 서벌턴 연구자들이 연구의 대상을 분석하고 다루기 위한 재현의 과정은 불가피하게 부딪힐 수밖에 없는 문제이다. 그런 점에서 재현이 서벌턴의 말하기와 어떠한 관련이 있는지를 생각해 볼 필요가 있다.

이 글에서는 스피박의 지식인 비판의 관점에 주목하여 재현의 문제를 서벌턴 연구자의 입장에 적용하여 생각해보고자 한다. 스피박의 서벌턴 담론에서 논의된 지식인 비판의 관점을 확인하고, 이를 일본 사회에서 활발하게 전개되고 있는 당사자성 연구[9]에 적용해봄으로써 서벌턴 연구를 수행하는 데에 당사자성이 어떠한 의미를 갖는가에 대해 논한다. 이것은 '서벌턴은 말할 수 있는가'의 문제를 '서벌턴의 목소리를 어떻게 들을 것인가'로 접근하는 방식이자, 서벌턴 연구자가 당사자성을 어떻게 획득할 것인가에 대한

---

8 스피박이 1988년의 첫 판본에서 "서벌턴은 말할 수 없다"고 한 것에 대해, 1999년 수정본에서는 "권장할 만한 주장이 아니었다(스피박, p.135)"고 고쳐 쓴 것을 생각해볼 때, 서벌턴이 말할 수 없다고 단정한 것은 아니라는 것을 알 수 있다. 그러나, "이 말 없음에 우리가 공모하고 있다는 사실을 인정하는 것이 중요하다(스피박, p.136)"는 말을 통해 여전히 서벌턴의 침묵이 종용되고 있다는 점에서 그들의 말하기가 가능한지에 대한 스피박의 질문은 유효하다.

9 한국의 경우, 문학과 마이너리티 연구 등에서 당사자성 문제에 주목하는 논고를 살펴볼 수 있다. 다음의 논고가 참고된다. 이지형(2019) 「마이너리티연구에 있어서의 당사자성 문제: 한센병문학 연구를 중심으로」 『횡단인문학』 4, 숙명여자대학교 숙명인문학연구소, p.77-92.; 선우은실(2021) 「우리가 우리의 문제에 대해 말할 때 필요한 것－'당사자성'을 중심으로」 『문학들』 64, 심미안, pp.39-56.

고민이다. 이를 통해 서벌턴 연구에서 당사자의 목소리를 듣는 것이 어떻게 가능한 것인지를 생각해본다.

## 2. 스피박의 지식인 비판과 서벌턴 여성의 재현의 문제

앞에서 언급했듯이, 스피박은 서벌턴 담론에서 서구 주체에 대한 급진적 비판을 생산하고 있는 푸코와 들뢰즈의 대담을 예로 지식인이 대중을 재현하는 데서 불가피하게 부딪치는 대상화 문제를 강하게 비판하였다. 지식인이 대중을 대변하는 것은 더 이상 불가능하며 그들은 스스로를 대변할 수 있다고 한 것에 대해, 스피박은 지식인이 대중을 재현하는 방식을 문제 삼으며 오히려 대중을 동질성을 지닌 타자로 대상화한다고 지적하고 있다.

여기서 먼저 문제의 지점을 파악하기 위해 푸코[10]와 들뢰즈의 대담 내용을 살펴보자. 《지식인과 권력: 미셸 푸코와 질 들뢰즈의 대담》[11]에서 푸코와 들뢰즈는 지식인과 대중의 관계를 새로운 이론과 실천의 관계로 언어화한다.[12] 푸코는 유럽의 68혁명[13]을 계기로 권

---

10 푸코는 1960년대 말과 1970년대 내내 정치적 투쟁에 뛰어들어 대중과 지식인 사이의 새로운 관계 맺음을 시도하였다. 이를 통해 '투사로서의 푸코'라는 그의 또 다른 얼굴을 살펴볼 수 있다(이승철 옮김(2005)『푸코의 맑스』, 갈무리, p.14).

11 미셸 푸코와 질 들뢰즈의 대담은 1972년 3월 4일에 기록되었고, 이후 잡지 『L'arc』 49호(pp.3-10)의 특집으로 출간되었다. 이 대담에 관한 텍스트의 인용은 국내에 번역된 『푸코의 맑스』(이승철 옮김, 갈무리, 2005)에 부록으로 실린 「지식인과 권력: 미셸 푸코와 질 들뢰즈의 대담」의 본문을 사용하였다.

12 菊地夏野(2012)「ポストコロニアルとフェミニズムの接点ースピヴァク、「慰安婦」、「ジャパゆき」ー」『立教大学ジェンダーフォーラム年報』14, p.78.

력에 대한 자신의 비판적 사유를 심화해가며 투쟁에서의 지식인의 역할을 논의한다. 대중은 더 이상 지식인들에 의해 대표되지 않으며, 지식인은 대중을 계몽시키려는 자리에서 내려와 이론과 실천을 연계한 투쟁에 참여해야 한다는 주장이다. 여기서 푸코와 들뢰즈의 인터뷰 내용 중 해당하는 주요 문장을 인용해 보자.

들뢰즈 "우리에게 이론적 지식인은 더 이상 의식(conscience)을 나타내는 혹은 그것을 대표하는 주체가 아닙니다. 행동하고 투쟁하는 사람들은 더 이상 (그들의 의식을 대표할 권리를 가졌던) 하나의 정당이나 조합에 의해 대의(representation)될 수 없습니다.…대의는 더 이상 존재하지 않습니다. 오직 행동만이-연계를 창출하고 연결망을 형성하는 이론적 행동과 실천적 행동만이-존재할 뿐이지요."[14]

푸코 "가장 최근의 격변[1968년 5월의 사건]을 통해, 지식인들은 대중이 지식(savior)을 위해 더 이상 자신들을 필요로 하지 않는다는 사실을 깨달았습니다. 대중은 어떤 환상도 없이, 완벽하게 알고 있습니다. 대중은 지식인보다 더 잘 알고 있고, 스스로를 확실하게 표현할 수 있습니다. 그러나 이러한 지식과 담론들을 방해하고, 금지하며, 무효로 만드는 권력의 체계 역시 존재합니다. … 이론은 하나의 실천입니다.

---

13  1968년 5월 프랑스 드골 정부의 실정과 가부장적 권위주의의 사회 모순에 저항하여 학생 시위와 노동자 총파업이 연대하여 일으킨 변혁운동이다. 냉전과 베트남 전쟁 등의 시대적 문제와 결부되면서 유럽과 미국 등 국제적으로 번져나갔다.
14  『푸코의 맑스』, pp.189-190.

그러나 그것은 당신이 말했듯이 총체화하지 않습니다. 이론은 국지
적이며 지역적인 것입니다. 이론은 권력에 맞선 투쟁이며, 권력이 가
장 비가시적이고 교활하게 작동하는 곳에서 그것을 드러내고 그 기반
을 무너뜨리기 위한 투쟁입니다.'[15]

　　푸코와 들뢰즈는 억압받는 대중에게 주체의 가치를 부여하면서,
억압받는 주체들은 자신들이 처한 조건을 잘 알고 있고, 그것을 아
주 분명하게 표현한다고 주장한다. 푸코에 따르면, 20세기 중반 이
후 그 전과는 다른 지식인의 형상이 출현했다. 그것은 절대적 진리
와 정의의 대표자인 '보편적 지식인'이나, 계급에 대한 이해의 대변
자인 '유기적 지식인'이 아닌, 언제나 자기 위치에서 국지적 형태의
권력과 관계를 맺는 유형의 지식인이다. 이러한 지식인의 임무는
"지식의 테두리 밖에 존재하는 소외된 지식을 드러내어 과학적 담화
에 작동하는 지식과 권력의 효과에 대항하여 스스로의 목소리를 찾
을 수 있도록 만드는 것"이다.[16] 이 '특수한 지식인'은 자신의 전문
지식을 매개로 특정한 영역에서 구체적인 문제를 둘러싼 정치 투쟁
에 나서는데, 이 과정에서 대중과 연대해 저항함으로써 권력 네트워
크 전반에 커다란 변화를 가져올 수 있다는 것이다. 지식과 권력에
대한 이러한 재개념화는 지식인과 대중과의 관계, 그리고 지식인과
이론의 역할에 대한 새로운 인식을 보여주는 것이다.
　　그러나, 이에 대해 스피박은 권리를 박탈당한 사람들에게 행위

---

15 『푸코의 맑스』, pp.191-192.
16 콜린 고든, 홍성민 옮김(1991)『권력과 지식－미셀 푸코와의 대담』, 나남, p.120.

능력을 부여해서 주체성을 복원한다는 지식인의 주장은 그들을 단일한 행위 주체로 구축하는 행동이라고 경고하면서, "서벌턴에 대한 복화술은 좌파 지식인들의 상투적 수단이자 밑천"(스피박, p.58)이라고 비판한다. 서벌턴을 말하는 주체로 내세우지만, 실제로는 그들의 입장과 상황을 비가시화하게 만들뿐이며, 그들을 대상화하는 자신들은 투명한 존재로서 인식하고 있다는 것이다. 즉, 스피박은 타자에게 진정성이나 목소리를 부여하고 그들을 주체로 세우는 과정에서 구성되는 헤게모니들에 대한 재고를 강력히 촉구하고 있다.

지식인들은 이론으로써 대중을 이끈다고 하는 기존 지식인의 역할에 반대하기 위해 '이론'은 기의를 지시하는 기표가 아니라 단지 또 하나의 실천일 뿐이라고 주장한다. 그러나, 이에 대해서도 스피박은 단순히 이론을 부정하는 방식으로 '경험', '행동', '실천'의 영역을 강조하는 것은 대중을 지식인의 도식적 틀로 파악하려는 시도만큼이나 문제가 있다고 지적한다. 특히 '재현(대의)이란 더 이상 없으며 행동만이 있을 뿐'이라는 들뢰즈의 선언은 지식인이 특권적 지위에서 대중을 투명하게 바라볼 수 있다는 생각이 여전히 전제되고 있다는 점에서 문제적이다. 지식인이 대중을 자신과 동일한 정치적 주체로서 간단히 인정해버리는 과정에서 오히려 현실에 만연한 착취와 억압의 구조가 정당화된다. 착취와 억압의 현실조차 대중이 정치적 주체로서 자유롭게 욕망한 결과인 것처럼 묘사되기 때문이다.[17]

---

17 喜多加実代(2009)「語る／語ることができない当事者と言説における主体の位置―スピヴァクのフーコー批判再考―」『現代社会学理論研究』3, pp.114-115.

이 재현의 문제에 대해 스피박은 두 가지의 개념을 가지고 설명한다. 하나는 정치 분야에서 누군가를 위해 '대변'(speaking for)한다는 재현(vertreten)의 의미이고, 다른 하나는 예술이나 철학 분야에서 이야기하듯 '다시－제시'(re-presentation)한다는 재현(darstellen)의 의미이다. 함께 고려해야 하는 이 두 가지 의미는 서로 관련되지만, 환원 불가능한 불연속의 관계에 있다. 그럼에도 지식인들은 재현이 가지는 의미의 간극을 무시하고 서벌턴들을 재현[대표]하면서 자신들을 투명한 존재로 재현하고 있다(스피박, pp.60-62).

스피박이 보기에 푸코나 들뢰즈가 직면한 문제는 이들이 힘을 박탈당한 집단을 재현할 때 지식인으로서의 자신들의 역할을 삭제함으로써 억압받는 이들이 스스로 말하게끔 한다는 점이다.[18] 결국 그것은 서벌턴을 올바르게 재현할 수 있다는 지식인들의 생각을 강화하는 것이 된다. 자신들을 투명한 존재로 간주하는 이러한 지식인의 태도는 제3세계 여성 서벌턴의 침묵이나 자기파괴적 행위를 설명할 수 없다. 이를 실증하기 위해 식민지 시기 인도의 두 여성 사례를 통해 역사적으로 서벌턴 여성들이 왜 말할 수 없었는지, 그들의 말하기가 어떻게 왜곡되고 지워졌는지에 대해 설명한다.

첫 번째는 사티(Sati)의 당사자인 라니 굴라리의 이야기이다. 사티는 인도 힌두교의 전통으로 내려오는 과부 순사 제도로, 힌두교 과부가 죽은 남편을 화장하는 장작더미에 올라가서 자신을 불태우는 관습이다. 스피박은 사티의 당사자인 인도 여성들을 대신해서 서

---

18 스티븐 모튼 지음, 이운경 옮김(2011)『스피박 넘기』, 앨피, p.111.

구 제국주의와 가부장제 민족주의자의 두 세력이 그녀들을 대변했다고 지적한다. 하나는 19세기 대영제국이 식민지 인도의 지배 전략에 도움이 된다고 판단하여 사티를 폐지하는 과정에서 일어났다. 식민지 지배자들은 사티를 비문명적인 야만 행위라고 강하게 비판하면서 "백인종 남자가 황인종 남자에게서 황인종 여자를 구해 주었다"(스피박, p.105)는 주장을 통해 시혜성의 정당성을 부여하였다. 다시 말해, 식민 주체인 영국에게 명예로운 백인성을 부여하는 억압의 역사를 만들어낸 것이다.

여기에 맞서는 다른 하나는 인도 지배계급의 토착주의자들이 사티를 행할 때 당사자인 과부들이 자신의 정조를 달성하기 위해 선택했다며, "여자들이 죽고 싶어 했다"(스피박, p.105)는 주장을 통해 자신들의 전통 관습을 정당화한 것이다.[19] 스피박은 이러한 가부장적 전략을 검토하기 위해 『다르마사스트라』, 『리그베다』의 텍스트를 통해 벵골에서의 사티와 과부 희생에 대해 살펴본다. 그 결과, 벵골에서 사티 관습이 만연했던 것은 인도의 다른 지역과 달리 벵골에서는 과부가 재산을 상속할 수 있었기 때문이라는 사실을 알게 된다(스피박, p.115). 과부 희생은 남편의 재산이 여성(남자 후손이 없는)에게 상속될 수 있는 지역에서 가장 만연하게 일어난 것이다. 즉,

---

19  "여자들이 죽고 싶어했다"는 진술에 대해 스피박은 "상실된 기원을 향한 향수를 패러디하는 인도 토착주의의 진술"(스피박, p.105)이라고 말한다. 즉, 과부 희생을 결정한 여성들을 단순한 희생자가 아닌 의지를 지닌 선택하는 주체로 내세우는 것이다. 이 맥락에서 과부 희생은 민족의 이름으로 선택한 영웅주의적 자살, 신의 이름하에 행해지는 순교와 같은 "서사시적 심급"(스피박『포스트식민 이성 비판』, p.404)에 놓이게 된다. 김애령(2012)「다른 목소리 듣기: 말하는 주체와 들리지 않는 이방성」『한국여성철학』17, 한국여성철학회, p.48.

남편의 재산을 상속받게 되는 과부 여성으로부터 재산을 빼앗기 위해 가부장제의 폭력이 그녀들을 명예자살 운운하며 사티로 내몬 것과 다름이 없다. 사티의 당사자인 여성은 이러한 이데올로기의 세력들에 의해 재현되고 있지만, 정작 그녀들의 목소리는 들을 수 없었다. 영국의 '남성주의-제국주의적'(스피박, p.15) 이데올로기 세력과 더불어 또 다른 민족주의의 세력 사이에서 서벌턴 여성의 목소리는 이중으로 침묵 당할 수밖에 없던 것이다. 결과적으로 두 세력이 서로 공범이 되어 여성의 존재를 억압하고 있음을 보여준다.

다른 한 사례는 1926년 북캘커타 자신 아버지의 아파트에서 목매달아 자살한 열일곱 살의 처녀 부바네스와리 바두리(Bhubaneswari Bhaduri)의 이야기다. 그녀는 자살 당시 생리 중이었으므로 불륜으로 인한 임신 때문에 자살한 것은 분명 아니었다. 실은 그녀는 인도 비밀독립운동 단체의 조직원이었다. 정치적 요인(要人)을 암살하라는 임무가 맡겨졌지만, 정치적 폭력 행위를 하지 않겠다고 결심한 후, 동료들과의 신의를 지키기 위해 스스로 목숨을 끊은 것이다. 이 사실은 그 후 10년이 지나서야 그녀가 언니에게 남긴 편지를 통해 밝혀진다. 그녀가 무슨 자격으로 인도 독립운동에 가담했는지는 알려지지 않았다. 아마도 자신의 동료들과의 유대감 때문에 그 자격을 누설하지 않았을 것이다(스피박, p.20).

여기서 부바네스와리가 자신의 죽음이 불륜으로 인한 임신의 결과로 오인되지 않도록 생리가 시작될 때까지 기다렸다가 자살한 행위에 주목해본다. 그녀의 행위는 두 가지의 금기를 파괴하고 있다. 하나는 남편을 따라 죽는 것 이외에는 허용되지 않았던 여성의 자살이었다는 점과 다른 하나는 정결한 몸을 불태워야 한다는 금기를 역전시켜 생리 중에 자살을 택한 것이다. 그러나 그녀의 목소리는 전해지지 못했다. 당대 사람들에게도 후대인들에게도 그녀의 메시지는 제대로 읽히지 못했다.[20] 이러한 사례를 통해 스피박은 "서벌턴은 말할 수 있는가?"(스피박, p.135)라고 통탄한다. 사티의 층위에서도 민족독립운동의 층위에서도 그녀들의 목소리는 이중적인 층위의 공간에서 그대로 여과되어 버린 채 아무런 목소리도 인식되지 못했다.

서벌턴 여성의 두 사례를 통해 스피박이 이야기하고자 한 것은 지식인들이 서벌턴의 재현에 기입되는 다양한 국면과 관점의 문제를 등한시하여 그들을 너무나도 단호히 저항하는 주체로 표상함으로써 자신들을 투명한 주체로 구축하고 있다는 것이다. 스피박은 지식인들이 서벌턴을 주체로 재현하는 과정을 통해 그들을 대상화하고 그들(서벌턴)의 인과성을 알게 되는 순간 지식을 통해 그들을 통제할 것이라고 비판한다.

이러한 힌두 과부와 부바네스와리의 이야기는 서벌턴 여성의 말이 어떠한 상태에 놓여 있는가를 보여준다. 서벌턴 여성은 말할 수 없다기보다는 그녀들의 말이 읽히지 못하고 지워진 상태에 놓여

---

20 스피박은 부바네스와리 바두리가 자신의 이모할머니임을 밝히면서, 부바네스와리에 대해 조사하기 위해 산스크리트 연구자인 뱅골 여성 철학자와 부바네스와리의 조카들에게 질문을 한다. 그 결과, 전자로부터 어째서 온전하고 훌륭한 삶을 영위한 부바네스와리의 두 언니 사일레스와리와 라세스와리 대신에 불운했던 부바네스와리에게 관심을 갖는가 하는 반응과 후자로부터는 불륜을 저지른 것 같다는 반응을 보았다(p.135 참조).

있다. 그렇기에 스피박의 입장에서 볼 때 서벌턴을 '말할 수 있는 존재'로 손쉽게 주체화하는 것은 비판의 대상이 된다. 서벌턴이 처한 억압과 불평등한 현실을 간과하고 왜곡할 수 있기 때문이다.[21] 그런 점에서 로절린드는 서문에서 서벌턴에게 역사 속의 "목소리를 주려고 하는 위험한 욕망은 서벌턴을 대변(speak for)하려는 욕망(스피박, p.14)"이라고 이야기한다.

앞의 사례에서 알 수 있었듯이, 스피박은 서벌턴들의 저항을 입증하는 '공식적 문서'가 존재하더라도, 그것은 지배체계를 통해 '여과'된 것이라고 보았다. 그렇기에 서벌턴의 말하기는 지배적인 재현 속에서 '인식 불가능'하다. 그것은 서벌턴이 말할 수 없는 존재라기보다는 지배적인 재현과정 속에서 이들의 목소리가 '순수하게 인식되는 것이 불가능'하다는 것을 인정해야 한다는 의미이다. 서벌턴을 재현할 수 없다는 것이 아니라 지식인이 서벌턴을 재현할 때에 자신이 어떠한 입장에 있는지에 대한 끊임없는 자기 성찰이 필요하다는 것이다.

그렇다면 서벌턴 연구에서 지식인의 입장에 있는 자들에게 요구되는 것은 무엇인가. 이 점에 대해 김원은 "연구자는 서벌턴의 재현 가능성뿐만 아니라 이들이 왜 침묵할 수밖에 없으며, 지배담론과 언어 안에 머물 수밖에 없었는지에 대해 관심의 초점을 맞추어야 한다. 다른 식으로 표현하자면, 기억 주체를 '이상화'하는 데서

---

21 김택현(2008) 「다시, 서벌턴은 누구/ 무엇인가?」 『역사학보』200, 역사학회, pp.657-658.; 권수빈(2022) 「공동체, 타자의 재현(불)가능성 너머 – 원주의 공동체 실천을 중심으로」 『로컬리티인문학』27, p.38.

벗어나, 서벌턴의 '차이'를 인정해야 한다."[22]고 이야기한다. 이러한 서벌턴의 재현의 문제에 대해 서벌턴 연구자가 어떠한 태도로 접근해야 할 것인가에 대해 다음에서 일본의 당사자 연구를 통해 살펴보자.

## 3. 일본 사회의 당사자주의와 당사자 연구

하나다 다이헤이(花田太平)에 따르면, 서벌턴과 관련하여 '당사자' 라는 말은 전통적인 피억압자를 위한 사상과 어느 정도의 긴장관계를 가지고 있다. 예컨대, 마르크스 주의(노동자), 페미니즘(여성), 반인종주의(흑인, 유대인), 포스트식민주의(피식민자) 등은 당사자들의 언어보다는 지도층인 지식인이 언어를 갖지 못한 '서벌턴'(종속적 사회집단)에 기회주의적으로 빙의하여 대변하는 언설이 지배적이었다. 그런데, 최근에는 '블랙 라이브스 매터(Black Lives Matter, BLM, 흑인의 생명은 중요하다)' 운동과 같이 반인종주의를 새로운 당사자 운동으로 보는 사례를 통해 당사자 개념은 전통적인 피억압자 그룹을 포섭하는 논의의 장[23]으로 확대되고 있다.

---

22 김원(2011)『박정희 시대의 유령들: 기억, 사건, 그리고 정치』, 현실문화, p.469. 이 책에서 김원은 한국 현대사에서 버려진 동시에 망각된 존재들을 서벌턴적 시각에서 고찰하고 있다. 서벌턴은 고정된 존재가 아닌, 시기별로 다른 이질성을 지닌 또 다른 이질적인 서벌턴을 만들어냈다고 보았다. 예를 들어 냉전 시기 국가 형성기에는 빨갱이, 전쟁미망인 등이, 근대화기에는 기지촌 여성, 도시하층민, 여공, 범죄자 그리고 1980~90년대의 동성애자, 이주민이다. 이렇게 서벌턴은 시기별로 상이한 이질성을 지닌 주체였다(같은 책, p.483).

그렇다면 당사자는 누구를 가리키는가 하는 점에 대해 일본 사회의 당사자 운동과 당사자 연구에 대해 살펴볼 필요가 있다. 당사자 연구가 이야기하는 핵심적인 문제의 지점을 서벌턴 연구와의 관련싱을 중심으로 이야기해본다.

우선 당사자라는 용어의 사전적 의미를 살펴보면, 당사자(当事者)는 직접적으로 그 일이나 사건에 관계된 사람을 가리키는 뜻으로 법률관계에서 주로 사용되어왔다.[24] 즉, 당사자는 모든 일과 사건에 관련한 사람을 지칭하는 개념으로 쓰이고 있다. 특히 기존의 마이너리티 운동에 관한 연구에서는 당사자와 비당사자(전문가, 연구자)의 관계 형성이 일반적인 방식이었다. 당사자들의 체험을 들은 비당사자가 그들의 체험에 해석을 부여하는 형식으로 진행되었다. 그러나 거기에는 당사자의 뜻과는 다르게 전문가나 연구자의 해석이 삽입될 뿐만 아니라 비당사자의 전문적 지식으로 당사자의 체험이 충분히 이해되거나 전달되는 것은 아니었다. 그러한 점에서 당사자는 전문가와 대립적 관계에 있다. 여기서 이야기하는 전문가는 "당사자를 대신하여 그의 상태와 호전의 방법에 대해 당사자보다도 적절한 판단을 내릴 수 있다고 생각되는 제삼자"이다. 특히나 장애 복지에서는 이러한 '전문가주의'의 영향이 매우 강했다. 비장애자인 전문가가 장애를 정의하고, 그에 대한 등급을 매기고는 비장애자에 가까워지기 위해 물리치료나 치료방식을 내세워 그들에게 적절하

---

23  花田太平(2022)「当事者概念の思想史的考察ーポスト・ホロコーストにおける「語り口の問題」をめぐってー」『麗澤大学紀要』105, pp.28-29.

24  日本国語大事典第二版編集委員会(2001)『日本国語大事典第二版 第9巻』, 小学館, p.965.

다고 판단하는 라이프스타일을 강요해왔기 때문이다.[25]

그러한 점에서, 특정 소수자와 관련한 담론과 인권 운동에서 소수자의 정체성을 지닌 당사자가 자신의 체험을 언어화하며 자신의 목소리를 내는 것이 중시되었다. 이를 통해 당사자는 대표성이나 상징성을 지니게 되고, 당사자주의는 마이너리티 운동의 역사에서 중요한 역할을 하게 되었다. 당사자주의란 정치적인 입장에서 이해관계의 당사자가 전문가의 대변을 거치지 않고 직접 자신의 의견을 표현하며 스스로의 권익을 지켜내는 것을 의미한다. 일본에서는 1970년대 이후 특히 장애인 복지의 실천에서 '당사자 운동(当事者運動)'이 일어난다. 잘 알려진 예로 뇌성마비자들이 중심이 된 당사자 운동 「푸른 잔디 모임(青い芝の会)」[26]이나 정신질환 당사자들이 공동생활을 하면서 자신들의 어려움을 연구하는 「벧엘의 집(べてるの家)」[27]등이 대표적인 단체이다.

그러나 이러한 당사자주의에 대해 비판의 주장도 존재한다. 대표적인 주장으로 도요타 마사히로(豊田正弘)는 특히 장애인 당사자주의를 비판했다. 당사자의 문제를 당사자만이 이해할 수 있다는 식

---

25  中西正司・野千鶴子(2003), 앞의 책, p.13.
26  1957년에 설립된 뇌성마비자들에 의한 당사자 단체이다. 뇌성마비자를 비롯해 전국의 장애자가 자신이 속한 지역에서 있는 그대로의 모습으로 살아갈 수 있도록 하는 것이 목적이다.
27  1984년에 설립된 홋카이도 우라카와초(浦河町)에 있는 정신장애 등을 가진 당사자의 지역활동이다. 유한회사 복지숍 벧엘, 사회복지법인 우라가와 벧엘의 집, NPO법인 셀프서포트센터 우라가와 등의 활동이 있으며 총괄적으로 '벧엘'이라고 부른다. '벧엘의 집'은 거기에 거주하는 당사자들에게 생활공동체, 일하는 장소로서의 공동체, 돌봄의 공동체라는 3가지 성격을 가지고 있으며, 100명 이상의 멤버가 각 지역에 살고 있다(홈페이지(https://urakawa.bethel-net.jp/) 참조, 검색일자: 2022.5.1.).

의 주장은 자칫 '그들만의' 문제인 것처럼 인식하게 만드는 환상의 논리라는 것이다. 당사자조차도 자신의 문제를 인지하지 못할 수 있으며, 당사자와 비당사자로 구분하여 특정 사람들에게만 '당사자성'을 부여하게 된다면 사회의 문제를 특정한 사람들의 문제로 만들어버릴 우려가 있다.[28]

그렇게 될 경우, 장애인들의 권리를 다루는 문제에서 사회구성원 전체의 문제라는 점이 은폐되어 사회의 구조적 문제를 더욱 더 보이지 않게 만든다. 또한, 당사자주의는 당사자들이 겪은 경험의 공통성을 기반으로 하여 장애인 당사자를 동일한 정체성을 가진 집단으로 인식하기 쉽기에, 그것은 이중적인 모순이나 함정에 빠지게 된다. 이는 장애인 개개인이 지닌 차이와 견해를 무시하거나 배제하여 사회적 실천을 불가능하게 만들어버리는 결과를 초래한다.

또 다른 비판적 입장으로 자각하지 못하는 당사자가 존재하는 점을 무시하게 된다는 지적이다. 예컨대 사회의 여러 측면에서 배제되고 있는 중증 지적장애자의 경우나 당사자 의식이 없는 가해자는 당사자로 간주되지 않는다.[29] 이러한 점들로부터 당사자주의가 당사자성을 강조하는 순간 체험의 배타성이 강조되며 당사자와 비당사자를 엄격하게 분리함에 따라 상호 이해와 협력이 불가능해지는 문제들이 비판받아 왔다.

근래에는 '당사자 연구(当事者研究)'[30]가 주목받고 있다. 당사자 운

---

28  豊田正弘(1998)「当事者幻想論」『現代思想』Vol.26(2), pp.100-113.
29  津田英二(2008)「当事者性を育てる」『インクルーシヴな地域社会をめざす拠点づくり』神戸大学院人間発達環境研究科ヒューマン・コミュニティ創成研究センター, p.12.
30  당사자 연구는 어떠한 어려움을 가진 본인(당사자)이 그 곤란한 상황이 일어나

동가인 나카니시 쇼지(中西正司)[31]와 사회학자 우에노 지즈코(上野千鶴子)가 이야기하는 당사자란 어떠한 문제를 안고 있는 사람이 아니다. 문제를 만들어내는 사회에 적응해버리면 더 이상 필요가 생겨나지 않기 때문이다. 그런 점에서 당사자는 복지의 필요(ニーズ)를 자각하고 있는 사람들이다. 필요는 결핍이나 부족함을 느끼는 데서 생겨난다. 현재 자기 상태에 대한 부족을 스스로 파악하고 그 결핍의 상태를 채워서 새로운 현실로 만들어가고자 하는 상상력을 가질 때, 비로소 자신의 필요가 무엇인지를 알게 되며 사람은 당사자가 된다. 이 점에서 나카니시와 우에노는 당사자는 '태어나는 것'이 아니라 '되어 가는 것'이라고 정의한다.

당사자 주권은 주권자인 나 이외의 누구도-국가도, 가족도, 전문가도-내가 누구인지, 나의 요구가 무엇인지에 대해 대신 결정하는 것을 허용하지 않겠다는 입장에 대한 표명이다.[32] 즉, '타인이 자기를 대변'하는 것을 거부하는 태도이다. 그런 점에서 당사자 주권은 자기 결정권이라고 할 수 있지만, 그렇다고 해서 반드시 자신의

---

는 메커니즘과 그 상황을 해결해가기 위해 그 방법을 전문가나 자원봉사자들에게 맡기는 것이 아닌, 비슷한 어려움을 겪고 있는 사람들과 함께 그러한 상황을 이해하고 연구해가는 것을 의미한다. 熊谷晋一郎(2012) 「なぜ「当事者」か、なぜ「研究」か」 『日本オーラル・ヒストリー研究』 第8号, pp.93-100.; (2019) 「当事者研究とは何か?」 『情報処理』 60-10, 東京大学先端科学技術研究センター, p.955.

31 1944년에 출생하여, 20세에 교통사고로 인해 경추 손상을 입어 사지마비가 되었다. 86년에 자립생활센터인 휴먼케어협회를 설립, 90년에는 DPI일본회의(Japan National Assembly of Disabled Peoples' International) 의장에 취임하였다. 91년에 전국자립생활센터 협의회(Japan Council on Independent Living Centers)를 설립하고 사무국장으로 일하다가 이후 대표에 취임하였다. 장애인의 자립운동을 위해 활동하고 있다. 中西正司・野千鶴子(2003), 앞의 책, 표지 참조.

32 中西正司・野千鶴子(2003), 앞의 책, pp.2-4.

필요를 자기 스스로가 해결해야 한다는 것은 아니다. 일반적으로 자립을 이야기할 때, 자신의 힘과 능력으로 자신의 문제를 해결하는 것으로 인식할 때가 많다. 그러나 여기서 이야기하는 자립은 타인에 대한 의존이나 타인의 도움을 배제하지 않는 '자립'의 의미를 담고 있다는 점이 주목된다.

사회 문제일 경우, 문제에 직면하는 방식에 따라 그 영향이 미치는 정도에 차이가 있겠지만, 한 사회의 공동체 안에서 누구나가 당사자일 수 있다. 장애에 관련한 문제에 대해서라면, 장애가 있는 사람과 그 가족들이 제1의 당사자가 된다. 그러나 사회적 측면에서 생각한다면, 장애의 문제는 개인만의 문제가 아니다. 그것은 사회의 문제로서, 사회 전체가 해당 문제의 당사자가 되는 것이다. 가령 취업에서 차별을 받는 장애가 있는 사람과 장애가 있는 사람을 생활하는 장소로부터 배제하고픈 사람이 있다면, 모두가 그 문제의 당사자가 된다. 당사자 연구가 단지 전문적인 지식을 소유한 자가 아닌 당사자성을 요구하는 이유도 전문가에 의한 지식과 이성의 사적 사용이 마이너리티인 당사자에게 위험을 가져다줄 수 있기 때문이다.[33]

오늘날 공생사회를 지향하는 일본 사회에서 당사자성은 더욱 중요한 문제이다. 함께 살아간다는 공생의 의미를 깨닫고 사회적 약자들과 대등한 관계를 만들어가고자 하는 자각과 노력이 요구되기 때문이다.[34] 무엇보다도 그들을 위한 지원이 이루어질 때 이러한

---

33 花田太平(2022), 앞의 논문, p.35.
34 2006년 3월 총무성에서 발표한 「다문화공생 추진에 관한 연구회 보고서」에 따

태도와 관계가 전제되어야 할 것이다. 만약 그들과 대등한 인간관계를 이루고자 하는 노력이 없이, 또는 현실의 비대칭적인 관계조차 자각하지 못한다면 거기에서 이루어지는 지원행위는 더욱 커다란 차이를 만들게 된다. 전자는 그들과 대등한 관계로 나아가기 위한 지원으로 그것을 위해 자신을 바꾸려는 노력이 수반되겠지만, 후자라면 비대칭적인 구도를 계속 유지하려는 지원이 되기 때문에 거기에는 관계 변화가 따르지 않는다. 우리가 사회적 배제를 당하고 있는 사람과 대등한 관계를 구축하고자 한다면, 상대방의 세계에 눈을 맞추고 그들의 목소리에 귀를 기울이면서 그들의 세계를 인정하며 따라가는 노력이 필요하다. 서벌턴의 비대칭성을 자각하고, 그들과 대등한 관계로 나아가고자 노력하는 것은 문제에 대한 당사자 의식을 가진다는 것을 의미한다. 그러한 당사자성을 어떻게 획득할 수 있는지에 대해 다음에서 살펴보자.

르면, 다문화공생이란 '국적이나 민족 등 서로 다른 사람들이 상호 문화적 차이를 인정하고, 대등한 관계를 맺어가면서 지역사회의 구성원으로서 함께 살아가는 것'으로 정의한다. 또한, 오사카대학(大阪大学) 인간과학연구과(人間科学研究科)에서 진행하는 공생학(共生学)의 정의에 따르면, "공생이란 민족, 언어, 종교, 국적, 지역, 젠더, 섹슈얼리티, 세대, 질병, 장애 등 다양한 차이를 지닌 사람들이 서로의 문화와 아이덴티티의 다원성을 인정하고 대등한 관계를 구축하면서 함께 살아가는 것'이다(河森 他(2016) 『共生学が創る世界』 大阪大学出版会, p.4). 이러한 공생사회를 지향하는 일본에서 이질적인 타자와 함께 살아가는 데에는 당사자성이 더욱 요구된다고 할 수 있다.

## 4. 당사자성의 획득—어떻게 들을 것인가?

푸코와 들뢰즈의 대담에 대한 스피박의 비판을 서벌턴을 규정하고 서벌턴을 타자화하는 지식인에 대한 비판으로 읽는 것은 중요한 지점을 발견하는 것이다. 이것을 통해 지식인의 역할이 어떠해야 하는지, 서벌턴이라는 연구를 어떻게 수행할 것인가에 대해 생각해보자.

우선 연구자는 타자의 목소리를 발견하고 그들을 재현하는 일에 어떻게 참여할 것인가. 그들의 침묵을 어떻게 들을 것인가. 자신의 언어를 가지지 못한 서벌턴과 어떻게 소통할 수 있을까. 일반적으로 소통이라는 방식에서 이야기하는 '대화'라고 하는 것 또한 지식의 특권을 가진 주체가 구축해온 세계라고 한다면, 이성적으로 정확하게 근거를 얘기해야만 상대의 이야기를 파악할 수 있는 사고 체계인 셈이다. 그러나 그것이 누구에게나 가능한 것은 아니다. 우물거리는 사람, 자기표현을 제대로 하지 못하는 사람, 소통이 어려운 사람들이 있다. 이들과는 어떻게 상호작용할 수 있을 것인가. 당사자 연구는 그 응답의 방식에 대해 주목할 필요가 있다.

스피박은 타자에게 말 걸기가 필요하다고 이야기한다. 그러기 위해서는 역사적으로 침묵을 강요당한 하층 여성에게 말 거는 법을 배워야 한다. 특히 자신(스피박)과 같은 포스트식민 지식인은 페미니스트로서의 특권으로부터 체계적으로 벗어나는 훈련을 해야 한다는 것이다. 서벌턴의 말하기에 귀를 기울이고, 그들의 말하기를 배우려면, "'우리의 특권을 잊기'(unlearning of our privilege)라고 부르는 것에서 시작되는 윤리의 실천(스피박, p.176)"이 필요하다. 이것은 말하기의 지식체계를 가지고 있는 지식인이 자신의 특권을 버리고 서벌턴에게 다가가는 것을 의미한다.

태혜숙에 따르면, 이것은 지식인이 말 없는 하위층 여성에게 말을 걸어 그들로 하여금 말하게 하고 그것을 담론과 문화영역으로 끌어들이는 것이다. 그렇기 때문에 하위층 여성이 스스로 이 작업을 할 수 있다면서 하위층 여성 경험의 담론화를 무시하는 것은 스피박이 보기에 지식인의 책임을 방기하는 것이다.[35] 지식인이 전적으로 타자에 도달하기 어렵지만, 그 간극을 보충하려는 시도를 추구하는 윤리적 책임과 대타성을 사유하는 방법으로 스피박이 제안하는 것은 '상상하기'이다. 바로 다른 자아, 그 존재 방식과 관계 맺고 대면하는 능력을 키우는 것이다.[36]

스피박은 책의 5부에서 자신의 '응답'에 대해 이야기한다. 그녀는 미국 대학에서 연봉으로 받은 달러를 가지고, 「서벌턴은 말할 수 있는가?」가 처음 출간되던 1988년에 서벵골의 가장 낙후된 지역인 푸룰리아와 비르붐에 11개의 학교를 세웠다. 또한, 서벌턴과의 조우를 위해, 모국어에서 벗어날 필요를 느끼고는 알제리에서 아랍어를 배우고, 표준 중국어와 광둥어를 배우면서 서벌턴의 말을 듣고자 했다. 이러한 스피박의 실천이 시사하는 의미는 크다고 할 수 있다.

---

35  태혜숙(2004) 『탈식민주의 페미니즘』, 여이연, p.158
36  김원(2013) 「"지식인은 들을수있는가"」 프레시안, 2013.07.19.
     https://www.pressian.com/pages/articles/69153/(검색일: 2022.5.10.)

마지막으로, 이전 논고[37]에서 언급한 바 있는 일본 공생 철학자인 하나사키 고헤이(花崎皐平)의 사상과 관련지어 당사자성에 대해 생각해보고자 한다. 당사자성을 획득하기 위해서는 근본적으로 나와 타자와의 관계를 어떻게 인식하는가가 중요한 문제가 된다. 하나사키는 타자와 함께 살아가는 삶에서 나와 타인과의 관계를 어떻게 구성할 것인가에 대해 다음과 같이 이야기한다. "내가 가지는 자기동일성을 파괴하고, '타자로서의 나'와 '나로서의 나'에 대한 위화감과 갈등으로 나의 아이덴티티를 구성하는 언설"[38]로 삼으라는 것이다.

여기서 자기동일성을 나 자신이 속한 동질의 집단 속에서 이제껏 구축해온 자기 정체성으로 본다면, 자기동일성을 파괴하는 것은 스피박이 이야기한 자신의 특권을 버리는 것과 같은 선상에서 이해될 수 있다. 자기동일성을 파괴하는 것이 나 자신을 버리는 것이 아니듯이, 자신의 특권을 버리는 것은 서벌턴으로부터 배우기 위함이다. 그리고 자기동일성을 버리고 '타자로서의 나'와 '나로서의 나'에 대한 위화감과 갈등으로 나의 아이덴티티를 구성한다는 것은 나와 타인의 존재를 재개념화하는 것이 될 수 있다. 나는 고유의 내가 아닌 타인이라는 존재, 타인과의 관계를 통해서 존재할 수 있다.

라의규에 따르면, 이것은 내셔널리티·젠더·어빌리티·에스니

---

37  김경희(2020)「일본 다문화공생 이념의 논리와 상생으로의 전환」『일본학연구』 제61호, 단국대학교 일본연구소, pp.81-106.
38  花崎皐平(2002)『共生への触発―脱植民化·多文化·倫理をめぐって』, みすず書房, p.72.

티 등의 다양한 비대칭적 관계성을 가진 집합 속에서 나의 아이덴티티를 자리매김하는 것이며, 자신과 타자와의 관계에서 자신이 얼마나 타자를 억압하는 측에 서 있는가를 자각하는 것이다. 그것을 자각할 때 비로소 타자의 부름에 응답할 수 있다. 그리고 자기동일성을 파괴한 그 지점에서 새로운 아이덴티티를 만들어가는 과정을 통해 '타자'와 '연대'하는 관계성을 창출해낼 수 있다.[39] 여기에는 주체의 각성과 해체가 요구되며, 그러한 과정에서 주체가 느끼는 갈등과 위화감을 적극적으로 받아들이려는 노력이 전제된다. 서벌턴 연구에서 이것이 가능할 때 비로소 당사자성을 획득할 수 있을 것이다.

## 5. 맺음말

앞의 두 인도 여성의 사례에서 살펴봤듯이 서벌턴의 서벌터니티는 하나의 정체성이라기보다는 하나의 곤경이라고 부름직하며, 스피박의 정의상 서벌터니티는 권력에 접근하는 능력을 근본적으로 가로막는 구조화된 장소[40]라고 할 수 있다.

서벌턴 연구에서 지식인들은 서벌턴을 재현하는 불가피한 상황에 놓이게 된다. 만약 지식인들이 서벌턴들의 목소리를 어떤 이해

---

39 羅義圭(2016)「韓日歷史認識のパラダイム轉換—被害者から加害者としての考察」『日本近代学研究』NO.53, p.245.
40 로잘린드 모리스 편저(2010), 앞의 책, p.24.

관계에 의해 자의적으로 해석하거나 자신이 주체가 되어 그들을 재현하게 된다면, 결국에는 그들을 자기 자신에 맞추게 되고 그것을 통해 지배체제에 공모하는 상황을 만들게 될 것이다. 스피박의 비판은 그러한 지식인을 향하고 있다.

그렇다면 서벌턴 연구자가 당사자성을 획득한다는 것은 무엇을 의미하는가. 그것은 서벌턴이 처한 복잡한 상황과 그들에게 가해진 중첩적인 억압의 구조를 보고자 노력하는 것이며, 우리 또한 같은 당사자라는 인식을 갖추는 것이다. 자신이 어떠한 당사자인가에 대한 물음은 자신이 무엇에 가장 깊게 상처 입었는가에 대한 물음과 연결된다. 당사자는 상처를 말할 수 없다. 그 상처가 타자와의 부름과 응답을 통해서 언어화되지 않는다면 우리가 가진 당사자성은 세계와 화해할 수 없다.[41] 즉 진정한 의미의 소통이 이루어질 때 우리는 전문 지식에 갇힐 수 있는 취약한 존재임을 깨닫고 비로소 타자에게 다가갈 수 있을 것이다. 당사자성은 나와 타자와의 새로운 관계를 구축하는 생성의 주체이자 보이지 않는 억압의 구조와 피해의 양상을 가시화시키는 힘이 된다. 지식인들이 연구라고 하는 대화의 공간에서 당사자성을 획득할 뿐만 아니라, 사회적 책임을 실천해 나가는 것이 하나의 방법이 될 수 있다.

---

41 花田太平(2022), 앞의 논문, p.35.

| 용례출전 |

日本国語大事典第二版編集委員会(2001)『日本国語大事典第二版 第9巻』, 小学館, p.965.

| 관련 웹 사이트 및 코퍼스 |

べてるの家ホームページ https://urakawa.bethel-net.jp/ (검색일: 2022.5.1.)

김원(2013.07.19)「"지식인은 들을 수 있는가"」, 프레시안, https://www.pressian.com/pages/articles/69153/(검색일: 2022.5.10.)

| 참고문헌 |

가야트리 스피박, 태혜숙 외 옮김(2006)『포스트식민 이성 비판』, 갈무리, pp. 400-404.

_____ 외, 태혜숙 옮김(2013)『서벌턴은 말할 수 있는가?: 서벌턴 개념의 역사에 관한 성찰들』, 그린비, pp.11-139.

권수빈(2022)「공동체, 타자의 재현(불)가능성 너머 – 원주의 공동체 실천을 중심으로」『로컬리티인문학』, 부산대학교 한국민족문화연구소, p.38.

김경희(2020)「일본 다문화공생 이념의 논리와 상생으로의 전환」『일본학연구』 제61호, 단국대학교 일본연구소, pp.81-106.

김상률 외(2006)『에드워드 사이드 다시 읽기』, 책세상, p.236.

김애령(2012)「다른 목소리 듣기: 말하는 주체와 들리지 않는 이방성」『한국여성철학』17, 한국여성철학회, p.48.

김원(2011)『박정희 시대의 유령들: 기억, 사건, 그리고 정치』, 현실문화, p.469.

김택현(2008)「다시, 서벌턴은 누구/ 무엇인가?」『역사학보』200, 역사학회, pp.657-658.

선우은실(2021)「우리가 우리의 문제에 대해 말할 때 필요한 것 – '당사자성'을 중심으로」『문학들』64, 심미안, pp.39-56.

스티븐 모튼, 이운경 옮김(2011)『스피박 넘기』, 앨피, p.111.

에드워드 사이드, 박홍규 옮김(2014)『오리엔탈리즘』, 교보문고, pp.16-18.

이경원(2011)『검은 역사 하얀 이론』, 한길사, pp.463-503.

콜린 고든, 홍성민 옮김(1991)『권력과 지식－미셸 푸코와의 대담』, 나남, p.120.

태혜숙(2004)『탈식민주의 페미니즘』, 여이연, p.158.

미셸 푸코, 이승철 옮김(2005)『푸코의 맑스』, 갈무리, p.14.

上野千鶴子 他(2003)『当事者主権』, 岩波親書, pp.2-3.

河森 他(2016)『共生学が創る世界』, 大阪大学出版会, p.4

菊地夏野(2012)「ポストコロニアルとフェミニズムの接点ースピヴァク、「慰安婦」、「ジャ
　　パゆき」ー」『立教大学ジェンダーフォーラム年報』14, pp.75-82.

喜多加実代(2009)「語る／語ることができない当事者と言説における主体の位置―スピ
　　ヴァ クのフーコー批判再考―」『現代社会学理論研究』3, pp.114-115.

熊谷晋一郎(2012)「なぜ「当事者」か、なぜ「研究」か」『日本オーラル・ヒストリー 研究』
　　第8号, pp.93-100.

＿＿＿＿＿＿＿＿(2019)「当事者研究とは何か?」『情報処理』60-10, 東京大学先端科学 技
　　術研究センター, pp.955-958.

酒井直樹(2001)「戦争の・植民地の知をこえて」『知の植民地：越境する』東京人 学
　　出版会, pp.40-41.

＿＿＿＿＿＿(2017)「失われた20年」と帝国の喪失：ポスト・コロニアルな条件と日本研究
　　の将来」『失われた20年と日本研究のこれから・石なわれた20年と日本社会の
　　変容』, 海外シンポジウム, pp.87-97.

津田英二(2008)「当事者性を育てる」『インクルーシヴな地域社会をめざす拠点づくり』
　　神戸大学院人間発達環境研究科ヒューマン・コミュニティ創成研究センター,
　　p.12.

豊田正弘(1998)「当事者幻想論」『現代思想』26-2, pp.100-113.

花崎皋平(2002)『共生への触発―脱植民化・多文化・倫理をめぐって』, みすず書房,
　　p.72

花田太平(2022)「当事者概念の思想史的考察―ポスト・ホロコーストにおける「語り口
　　の問題」をめぐってー」『麗澤大学紀要』105, p.35.

檜垣立哉 他(2022)「サバルタンは語ることができるか」を読み直すために. 共生のフィロ
　　ソフィーの視点から―」『共生学ジャーナル』6, pp.1-22.

羅義圭(2016)「韓日歴史認識のパラダイム転換―被害者から加害者としての考察」『日
　　本近代学研究』NO.53, p.245.

# 『오치쿠보 이야기』에 나타난
# 사회적 약자로서의 여성의 삶

이 부 용

## 1. 머리말

여성의 '글쓰기를 통한 자기 목소리 내기'라는 측면에서 일본의
헤이안(平安) 시대는 주목할 만한 가치가 있다. 히라가나(平仮名) 사용
이 확대되면서 여성 작가가 나타나고 그 작품들이 여성들 사이에
서 향유되었기 때문이다. 당시 문학은 종이나 문구류라는 자원을
얻을 수 있는 재력, 생산을 위한 노동에 동원되지 않고 글을 쓸 수
있는 시간적 여유, 그리고 문학의 리터러시를 갖춘 중류 이상의 계
층에서 창작되었다. 이러한 점에서 현전하는 헤이안 시대 문학작
품이 포괄하는 범위는 여전히 좁다. 그럼에도 불구하고 문학작품

에 나타난 당대 여러 계층의 다양한 삶의 모습을 찾아내 세세히 독해함으로써 당시 사람들의 생활 모습을 구체적으로 살필 수 있다.

본고에서는 문학이 사회를 반영한다는 점을 전제한 다음에『오치쿠보 이야기(落窪物語)』에 그려진 여성의 삶에 주목하여 계모담에 각인된 사회적 약자의 삶의 모습에 대해 고찰하고자 한다. 당대에 이미 많은 독자를 가지고 있었던[1] 이 작품은 오치쿠보 아가씨와 시녀 아코기(あこぎ)[2]를 중심으로 여성들의 삶을 그리고 있다는 점에서 사회적 약자로서의 여성의 삶이 어떻게 기록되고 향유되어 왔는가를 살피기 위한 중요한 자료가 될 수 있을 것이다.

기존의 연구가 텍스트를 상세하게 분석하고 작품론에 대한 논의를 더해가는 것이었다면 본고에서는 조금 방향을 달리하여 마이너리티의 목소리를 반영하고 있는 자료로서 이 작품을 다루고자 한다. 본격적 논의를 시작하기 전에 현대의 포스트콜로니얼리즘 담론에서 가야트리 스피박의「서벌턴은 말할 수 있는가?」를 참조로 해본다. 헤이안 시대와 현대는 시대적 차이는 있지만 사회적 약자에 대해 다루고 있다는 점에서 유효한 물음을 공유할 수 있기 때문이다. 스피박은 모두(冒頭)에서 다음과 같은 비유를 던진다.

"생산양식 서사의 외부에 있는 여성들은 '본연의 글쓰기'를 몸짓

---

1 『마쿠라노소시(枕草子)』에 "가타노 소장을 비난하는 오치쿠보 소장의 모습은 멋지다(交野の少将もどきたる落窪の少将などはをかし。)"라는 본 작품에 대한 감상이 수록되어 있다.(永井和子・松尾聡, 1997: 427)
2 그녀는 아가씨의 모친이 살아 있을 때부터 일을 돕던 여성으로 작품의 도입부에서 아가씨의 "우시로미(後見)"로 소개되며 아가씨를 극진히 보살피는 조력자이다.

으로 표현하고 있는데도 분과학문적인 역사 쓰기에서 흐릿하게 사라지는 지점들을 표시하며, 그들이 드러내면서 지우는 흔적(우리가 실수로 누구의 흔적이냐고, 무엇의 흔적이냐고 물을 수밖에 없는)의 발자국들을 표시한다."(태혜숙, 2013: 42)

스피박은 주로 인도의 사례와 서구의 철학 담론을 통해 사회적 약자로서의 서벌턴을 분석하고 있지만 위 글이 던지는 물음들은 일본 헤이안 시대 여성의 삶에 대해 살펴보는 데에도 많은 울림을 준다. 당시 여성은 한문으로 대표되는 남성 지식인 사회의 변두리에서 히라가나의 사용을 통해 조금씩 지적 담론이 생산되는 중심부로의 진입 영역을 넓혀 갔기 때문이다. 또한 근무일지 형식의 한문 일기와 달리 모노가타리나 수필은 내밀한 정서를 표현함으로써 여성 독자의 공감을 얻을 수 있는 내용으로 확대되어 갔기 때문이다.

스피박의 언어를 빌리자면 서사의 외부에서 '몸짓'으로만 표현된 서벌턴으로서의 여성의 목소리를 서사의 내부에서는 어떻게 담아내고 있었는지, 그러한 '흔적'은 텍스트에 어떻게 남아있는지 찾아보는 것을 본고의 목표로 한다.

## 2. 선행연구의 검토

『오치쿠보 이야기(落窪物語)』는 전형적인 일본의 계모담이다. 귀족 남성의 도움으로 현실의 곤란에서 벗어나게 된다는 설정에서 구혼

담적 성격도 강하게 나타나 있다. 옛『스미요시 이야기(住吉物語)』와 함께 한마디로 일본의 신데렐라 이야기라고 할 수 있다.

이치조 천황(一条天皇) 재위 시절의 내적 준거를 담고 있기에[3] 10세기 후반에 성립된 것으로 추정되는 이 작품은 2010년에 한국어로 번역되었으며(박연정 외, 2010) 국내에서도 여러 방면의 선행연구가 거듭되어 왔다. 대표적으로는 계모담에 관한 연구를 들 수 있는데 성장소설로서의 의미에 대한 검토(민병훈, 2007)가 있으며 계모담으로서 타 작품의 비교준거가 되거나(이신혜, 2010), 질투심에 대한 연구(신은아, 2010)에서 분석되기도 했다. 또한 작품에 나타난 진기(神祇) 신앙에 대한 고찰(한정미, 2011)과 이후의 작품에 미친 영향에 대한 연구(김종덕, 2007)도 있다.

일본에서도 역시 계모담의 성격에 주목한 작품론(畑恵里子, 2010)이나 구혼담으로서의 파악(小嶋菜温子, 2014) 등 화형(話型)에 대한 분석이 주류를 이룬다. 물론 작품 속 표현에 대한 연구(長沼英二, 1994; 星山健, 2014)나 문체의 가타리(語り)에 대한 분석(大原智美, 2015), 신체론적 접근(三田村雅子, 2015) 등도 중요하게 다루어진다. 선행연구의 성과를 이으면서도 본고에서는 조금 방향성을 달리하여 이 작품을 사회적 약자로서의 여성의 삶이 이야기되는 자료로서 살펴보고자 한다.

『오치쿠보 이야기』는 어머니의 죽음으로 아버지와 계모, 그 딸들과 함께 살게 된 오치쿠보 아가씨에 대한 소개로부터 시작된다. 아가씨는 아버지가 밖에서 낳은 딸로 그 여인이 세상을 떠나자 혼

---

3 작품 속에 법화팔강(法華八講)이나 가모 임시 마쓰리(賀茂臨時祭) 묘사 등이 그려진다.

자 남은 딸을 본가로 데리고 온 것이다. 이야기 전체로 보면 계모 식구들에게 학대받으며 집안의 온갖 바느질을 도맡아 하던 아가씨는 혼인을 계기로 곤경에서 벗어나게 되며, 후반부에서는 남편이 된 미치요리(道頼)와 함께 과거에 자신을 괴롭힌 사람들에게 통쾌한 복수를 한다.

한편 이야기의 설정상 아가씨의 모친은 '여왕'으로 아가씨는 황실의 핏줄이며 아버지가 중납언(中納言)이므로 계급 위치상 그녀가 당대 사회의 하층민이라고 하기는 어렵다. 또한 오치쿠보 아가씨라는 존재의 위상은 이야기의 전개에 따라 전반부와 후반부에서 변화가 있으므로 고정된 시점으로 파악할 수는 없다는 난점도 있다.

그러나 이야기 전반부 오치쿠보 아가씨의 삶을 독해함으로써 당대 신분이 낮은 사람들이 겪었던 슬픔을 읽어낼 수 있다. 계모에게 학대를 받으며 견디는 아가씨의 생활에 대한 묘사를 읽어내는 일은 당대 사회적 약자의 처지와 그러한 차별과 배제에서 벗어나고자 하는 그들의 희망에 대해 살펴보는 일로 이어질 것이다. 특히 같은 계모담이라 할지라도『스미요시 이야기』에서는 계모의 악행이 주로 혼인에 훼방을 놓는 일에 초점이 맞추어져 있다는 점을 생각하면 본 작품에 나타나는 생활 속의 학대와 괴롭힘은 그 차원이 다를 정도이다. 게다가 허구의 이야기라는 점을 감안하면 이야기 후반부에서 아가씨가 계모에게 통쾌한 복수를 하는 장면을 읽어가며 느끼는 독자의 카타르시스는 현실에서 이루기 힘든 꿈을 반영한 것이라고 할 수 있다.

## 3. 이름에 담긴 멸시적 의미

오치쿠보 아가씨의 사회적 약자로서의 삶에 대해 구체적으로 살펴보기 위해서는 먼저 '오치쿠보'라는 명칭에 주목해 볼 수 있다. 이름에는 생득적으로 태어나서 얻게 되는 이름이 있고, 후천적으로 붙여지는 별명 같은 이름이 있는데 이와하라 마요의 지적처럼 후자는 그 인물의 역할과 사회적 위치를 단적으로 나타내주기 때문이다.[4]

〈그림 1〉 마루보다 낮은 방에서 울고 있는 아가씨 (『오치쿠보 이야기 에마키(落久保物語絵巻)』 제1권, 국립국회도서관 디지털컬렉션 청구기호ん-56)

---

4  「後に他者から与えられ、再定義される「名」は、その共同体における人物の生の役割と社会的位置を端的に示す。」(岩原真代, 2008: 122)

'오치쿠보'란 주거공간에서 보통의 마룻바닥보다 낮은 움푹 패인 곳을 말한다. '오치루(落ちる)'에는 '떨어지다, 낙하하다'라는 뜻이 있어 이 자체만으로도 부정적인 어감이 있다. 예를 들어『겐지 이야기(源氏物語)』제2부에서 온나니노미야(女二宮)는 외모나 매력이 뒤떨어진다는 멸시적 의미를 가진 오치바노미야(落葉の宮)라는 통칭으로 불린다. 그녀의 남편 가시와기(柏木)는 "자매 중에서 어째서 낙엽을 주웠을까?"[5]라고 표현한다. 이처럼 '오치(落ち)'라는 표현은 열등함을 나타낸다.

게다가 '구보(窪)'는 '구덩이, 움푹 패인 곳'이라는 의미로 일상적 주거공간보다 낮은 곳을 뜻하며 거기에 더해 '여성의 음부'라는 의미까지 있다. 가령『우쓰호 이야기(うつほ物語)』「구라비라키(蔵開)」중권에서 가네마사(兼雅)는 경쟁자 마사요리(正頼)의 딸 후지쓰보가 많은 황자를 출산한 것에 대해 "어떤 여음을 가진 딸을 가졌는가 싶군"[6]이라며 야유한다.

이 작품 속에서 '오치쿠보'의 용례는 약 41례가 보이며 그 중에서 '오치쿠보 아가씨(落窪の君)'의 형태는 19례이다. 특히 계모 등이 아가씨를 3인칭으로 지칭하는 표현은 약 11례이며 2인칭으로 가리키는 경우도 3례 보인다.[7]

---

5 「もろかづら落ち葉をなににひろひけむ」(阿部秋生 他, 1996: 233)
6 「いかなる窪つきたる女子持たらむとぞ見ゆるや。」(中野幸一, 2001: 514)
7 용례는 三谷栄一・三谷邦明 校注・訳(2000)『落窪物語』, 小学館을 기준으로 조사했다. 이하, 한국어역은 전부 졸역이며 인용문 말미에 쪽수를 표기한다.

<표1> '오치쿠보'의 용례 분포

|  | 제1권 | 제2권 | 제3권 | 제4권 |
|---|---|---|---|---|
| 용례수 | 18 | 13 | 5 | 5 |

즉 이야기 속에서 계모의 학대가 그려지는 제1권에 '오치쿠보'의 용례가 가장 많으며 후반부에는 그 용례가 줄어든다. 여러 장면에서 여주인공이 오치쿠보로 지칭되고 있는데 이 이름이 약자를 차별하는 데에 어떻게 작용하고 있는지 본문을 따라가며 분석해보자.

오치쿠보라는 호칭에 대해 작품 속에서 직접적으로 언급된 부분을 살펴보자. 계모의 셋째 딸 부부의 대화이다.

"글씨체가 꽤 멋지군요"이라고 하신다. "오치쿠보의 필적이지요."라고 말씀드리니 구로우도 쇼쇼는 "그건 누구를 말하는 건가요. 이상하기도 한 사람의 이름이군요" 라고 한다. 셋째 딸은 "그런 사람이 있지요. 바느질하는 사람이요"라고 하고 대화가 끝난다.
(「手こそいとをかしけれ」とのたまふ。「落窪の君の手にこそ」とのたまふ。少将、「とは誰をか言ふ。あやしの人の名や」「さ言ふ人あり。物縫ふ人ぞ」とてやみぬ。)(p.77)

남편은 아내가 말하는 '오치쿠보'라는 이름을 듣고 사람의 이름으로는 참으로 이상하다고 말한다. '오치쿠보'란 매우 이상하고 특이한 이름임을 알 수 있다. 가령『겐지 이야기』의 무라사키노우에

(紫の上)처럼 아름다운 호칭과 비교해보면(이부용, 2018: 360) '오치쿠보'
라는 것은 예쁘지도 않고 명예롭지 못한 이름임을 알 수 있다.

　다른 장면에서도 이야기 속 등장인물의 시선을 통해 '오치쿠보'
라는 이름이 평범하지 않고 멸시적 의미가 포함된 의미임이 나타
난다. 계모가 맡긴 바느질을 놓아둔 채 아가씨가 보이지 않자 계모
는 아가씨의 부친인 남편에게 험담을 한다. 이때 '오치쿠보' 운운
하는 말을 아가씨의 연인 미치요리가 들어버린다.

　　미치요리는 "오치쿠보"라고 듣자 "오치쿠보란 무슨 이름인가요"
라고 묻는다. 아가씨는 너무나 부끄러워서 "아, 몰라요"라고 말한다.
"사람 이름에 어떻게 그런 말을 붙일 수 있나요. 물론 비천한 사람에
게 붙이는 이름이겠지요. 눈부시게 아름답지는 못한 이름이군요. 계
모가 학대하는 게 틀림없군요. 성질이 좋지 못하시군요"라고 하며 누
우셨다.
　　(少将、「落窪の君」とは聞かざりければ、「何の名ぞ、落窪」と言へば、女
いみじく恥づかしくて、「いさ」といらふ。「人の名にいかにつけたるぞ。論なう
屈したる人の名ならむ。きらきらしからぬ人の名なり。北の方さいなみだちに
たり。さがなくぞおはすべき」と言ひ臥したまひけり。)(pp.85-86)

　이야기 속에서 아가씨는 계모에게 직접적으로 대항하거나 반발
하지 않으며 계모를 향한 아가씨의 적개심이 드러나는 부분은 적
다. 그녀는 홀로 가슴 아파할 뿐이다. 그러나 위의 미치요리의 말을
통해 아가씨에게 붙여진 호칭이 얼마나 모욕적인지가 드러난다.

'오치쿠보'란 사람의 이름으로 하기에는 너무나 모욕적인 비하적 표현이며 이를 통해 미치요리는 계모의 잔혹한 성격(さがなくぞおはすべき)'을 읽어내는 셈이다.

단, 위의 인용문에서 미치요리는 아직 그 호칭이 자신의 연인인 아가씨를 향해 쓰인 표현인 줄은 모르고 있다. 계모가 누군가 제3자를 지칭하고 있는 줄로만 이해하고 있는데 이후 그것이 아가씨에 대한 호칭이라는 점을 알게 되었을 때 그는 더욱 분노하게 된다.

'오치쿠보'라는 말을 둘러싸고 갈등이 극대화되는 장면은 친부가 그녀에게 그 호칭을 사용했을 때이다. 아버지까지 그녀에게 '오치쿠보'라는 말을 사용하자 그녀는 절망적인 기분이 된다.

> "이봐, 이 오치쿠보야, 어머니가 말씀하시는 걸 잘 듣지 않고 모르는 척하는 건 뭐냐. 어미가 없으면 '어떻게든 정성을 다해서 잘 보살핌 받아야지'라고 생각해야 할 것을. 그렇게 서두르고 있는데 바깥의 일감을 기우느라 우리 집 바느질 일에 손을 대지 않는다는 건, 대체 무슨 심보냐"라며 "오늘 밤 내에 다 기워놓지 않으면 내 아이라고 생각하지도 않겠다"라고 하신다. 여자는 대답도 못하고 뚝뚝 눈물을 흘리기만 한다.
>
> (「いなや、この落窪の君の、あなたにのたまふことに從はず、あしかんなるはなぞ。親なかんめれば、＜いかでよろしく思はれにしがな＞とこそ、思はめ。かばかり急ぐに、外の物を縫ひて、ここの物に手触れざらむや、何の心ぞ」とて、「夜のうちに、縫ひ出ださずは、子とも見えじ」とのたまへば、女いらへもせで、つぶつぶと泣きぬ。)(p.86)

이야기 속 아버지 중납언은 계모의 말을 잘 들으며 자신의 딸을 챙길 줄 모르는 나약하고 속없는 아버지로 그려지고 있다. 의지할 곳 없이 봉제일을 다 해내며 겨우 지내고 있는 딸을 '오치쿠보'라고 폄하하며 계모가 시키는 일을 빨리 마무리하지 않으면 자신의 아이로 인정하지 않겠다는 심한 발언까지 한다. 이때 역시 아가씨는 부친에게 아무 말 못하고 눈물을 흘릴 뿐이다.

〈그림 2〉 미치요리와 연인이 된 아가씨(『오치쿠보 이야기 에마키』제1권, 국립국회도서관 디지털컬렉션 청구기호人-56)

아가씨는 자신의 힘든 상황에 대해 호소하거나 부당한 요구에 반발하지 않는다. 그러나 계모에게 학대당하는 약자로서 그녀의 목소리가 전혀 그려지지 않는 것은 아니다. 이야기는 그 내적 발화를 서술하여 그녀의 목소리를 간접적으로 독자에게 전한다.

중납언은 그렇게 말씀하시고 가셨다. 미치요리가 듣고 있는데 부끄럽고 '너무나 부끄러운 말을 들었네. 사람들이 말하는 그 이름이 나를 지칭한다는 것을 알아차리셨겠네'라고 생각하니 '아 지금 그냥 죽어버리고 싶다'며 바느질 일감은 잠시 옆에 제쳐두고 등불이 닿지 않는 어두운 곳을 향해 심하게 울었다.

(おとど、さ言ひかけて帰りたまひぬ。人の聞くに恥づかしく、<恥の限り言はれ、言ひつる名を我と聞かれぬること>と思ふに、<ただ今死ぬるものにもがな>と縫物はしばしおしやりて、灯の暗きかたに向きていみじう泣けば)(p.86)

그런데 이때 주목할 점은 '수치(恥)'로 대표되는 아가씨의 절망은 바느질 노동이 힘들어서 괴로워하기보다는 아버지가 그러한 이름으로 자신을 지칭했다는 점에 있다는 사실이다. 게다가 친아버지조차 모욕적 언사를 한다는 것이 연인에게 알려지자 아가씨는 죽어버리고 싶다고 생각할 정도로 자신의 존재가 부정되었다고 느낀다.

하지만 미치요리는 이 일을 계기로 자신이 사랑하는 여성이 커다란 굴욕을 겪고 있다는 것을 알게 되고 아가씨에 대한 애정을 더욱 깊게 하고 계모와 그 식구들에 대해 강한 반감을 가지게 된다.

'오치쿠보라는 건 이 사람을 일컫는 이름이었구나. 내가 아까 한 말에 얼마나 "부끄럽다"고 생각했을까'하며 그녀가 가엾어졌다. '계모는 심술을 부린다고 치고 중납언까지 심하게 말씀하시다니. 아가씨를 정말로 미워하시는구나. 어떻게든 아가씨를 훌륭하게 만들어 그들에게 보란 듯이 보여주고 싶다'고 마음 속으로 생각하신다.

(<落窪の君とは、この人の名を言ひけるなりけり。我、言ひつること、いかに≪恥づかし≫と思ふらむ>といとほし。<継母こそあらめ、中納言さへ憎く言ひつるかな。いといみじう思ひたるにこそあめれ。いかで、よくて見せてしがな>と心のうちに思ほす。)(pp.86-87)


인용문을 통해 미치요리의 분노 역시 아가씨에게 일을 많이 시키는 것에서 오는 것이 아니라 호칭이 직접적 원인이 되어 있음을 알 수 있다. 권문세가의 아들인 미치요리는 아가씨와 결혼한 이후 그녀 편에 서서 계모와 그 식구들이 봉변을 당하도록 하고, 경제적으로도 그들을 몰락시키는 등 철저한 복수극을 행하는데 그러한 증오심의 바탕에는 아가씨에게 붙여졌던 모멸스러운 호칭이 그 원천이 되어 있는 것이다.

계모와 친부는 아가씨를 '오치쿠보'라고 부르며 구박하지만 같은 시점에 아가씨의 연인 미치요리가 그녀를 어떻게 부르는지 확인해보자. 아가씨가 물건 보관 창고에 갇혔을 때의 상황이다.


'사랑하는 그대여, 너무 슬퍼서 말도 더이상 안 나오지만
만나는 일이 어렵다고 듣게 된 오늘밤에는 내일을 살아갈 마음조

차 사라지네

(『あが君や、さらにえ聞こえぬものになむ

あふことの難くなりぬと聞く宵は明日を待つべき心こそせね)(p.109)

미치요리는 아코기에게 아가씨에게 전언을 부탁하는데 이때 아
가씨를 지칭하는 표현은 '나의 님', '사랑하는 그대' 등으로 번역될
수 있는 'あが君'이다. 이 어휘는 본 작품에서 총 7개의 장면에서 보
이는데 친근함이나 사랑, 존경을 담아 부르는 표현으로 사용되고
있다.[8] 연인 미치요리가 아가씨를 부르는 표현을 통해 아가씨 역시
사랑받을 수 있는 존재임이 생생하게 드러난다. 계모가 아가씨를
'오치쿠보'라고 부르며 주변 사람들에게도 그렇게 부르게 하는 것
이 당사자에게 얼마나 큰 슬픔과 소외를 주는지 확연히 알 수 있다.


## 4. 약자에게 주어진 공간

앞에서 살폈듯이 '오치쿠보'에는 움푹 패인 곳이란 의미가 있어
서 가옥의 구조를 나타낼 때는 마루보다 낮은 곳을 의미한다. 오치
쿠보 아가씨의 호칭에는 '한 단계 낮다'는 차별적 의미도 들어가
있는 셈이다. 본문 중에서 가옥의 위치가 낮은 공간을 의미하는 '오

---

8  심지어 계모가 나쁜 의도를 가지고 아가씨와 맺어주려고 했던 노인 덴야쿠노스
케(典藥助)의 연서에서도 'あが君'라는 표현이 보인다. 그는 아가씨를 만나기 위
해 정성껏 쓴 한 통의 편지에서 이 말을 네 번이나 사용하고 있다.

치쿠보'는 약 10례 보인다.

아가씨가 머무르는 공간에 대해서는 아가씨의 아버지가 아침에 볼일을 보러 가는 길의 장면을 통해 상상할 수 있다. 다음은 아버지가 아가씨가 있는 곳을 잠깐 들여다보는 장면이다.

> 새벽에 대신이 측간에 가실 때 움푹 패인 방을 들여다보셨다. 아가씨의 옷차림이 너무 지저분했지만 머리카락은 아주 아름답게 어깨에 걸쳐져 있는 것을 '불쌍하구나'라고 보시는데 몸차림이 아주 지저분하다. '불쌍하다'고는 보셨지만 "고귀한 아이들을 먼저 챙기다보니 마음을 쓰지 못했구나. 좋을 법한 일이 있다면 스스로 잘 챙기거라. 이런 모습으로 있는 것은 슬프구나"라고 하시니 부끄러워서 인사도 하지 못했다.
>
> (つとめて、おとど、樋殿におはしけるままに、落窪をさしのぞいて見たまへば、なりのいとあしくて、さすがに髪のいとうつくしげにてかかりてゐたるを、＜あはれ＞とや見たまひけむ、身なりいとあし。＜あはれ＞とは見たてまつれど、「まづやんごとなき子どものことをするほどに、え心知らぬなり。よかるべきことあらば、心ともしたまへ。かくてのみいまするが、いとほしや」とのたまへど、恥づかしくて、物も申されず。)(p.20)

아버지와 딸의 대면이 새벽에 아버지가 측간(樋殿)에 가는 길이라는 것은 그 대면이 얼마나 짧고 일시적이었는지 보여준다. 또한 아가씨가 머무르고 있는 장소가 측간으로 향하는 길에 있다는 것은 의미심장하다. 당시 가옥 내에는 오늘날과 같은 화장실이 없었으므로 나무로 만든 일종의 요강인 히바코(樋箱)를 사용했다.[9] 그러므로 히바코가 놓여있는 곳이 배설의 행위가 행해지는 변소라고 할 수 있다. 즉 오치쿠보 아가씨는 측간 근처의 마루보다 낮은 방에서 살고 있는 것이다. 공간의 위치가 낮다는 것은 위쪽의 배설물의 냄새가 들어오기 쉽다는 의미도 된다. 아가씨는 그다지 쾌적하지 못한 공간에서 지내고 있는 것이다.

이 장면을 통해 사회적 약자의 처지를 규정하는 하나의 요소로 공간이라는 것을 상정할 수 있다. 아가씨는 고귀한 혈통의 소생이지만 모친의 죽음과 계모의 등장으로 학대받는 마이너리티의 처지로 전락한 상황임을 낮은 공간이 상징적으로 나타내준다.

이때 아버지는 딸의 초라한 행색을 보고 슬프고 불쌍하게 생각하면서도 딸을 세세히 챙겨줄 수 없는 것을 알고 있기에 스스로 알아서 하라는 말을 남기고 있다. '부끄러워서 인사도 하지 못했다'는 기술에서는 아버지에게 자신의 처지를 호소하지도 뭔가를 요청하지도 못하는 아가씨의 슬픔이 드러난다.

게다가 아가씨는 계모의 계략으로 음식과 물건을 저장하는 창고에 갇히게 된다. 어느 날 밤 미치요리가 미처 빠져나가지 못했을 때 아가씨 방을 엿본 계모가 멋진 귀족 남자와 연인이 되어 있는 것을 보고 질투했기 때문이다. 계모는 아가씨가 신분이 낮은 다치하키와 정분이 났다고 거짓으로 말한다. 이에 중납언은 격노한다.

---

9 『우쓰호 이야기』에서 아테미야(あて宮)의 동궁 입궁을 위한 준비로 그녀를 보필할 뇨보(女房)와 하녀들에 대해 소개되는데 "요강 씻는 사람 두 명(樋洗まし二人)"도 데리고 간다는 표현이 보인다.(中野幸一, 2001: 118)

(아버지) "얼른 가둬 버리시오. 나는 꼴도 보기 싫군."이라고 하시자 다시 아가씨를 억지로 끌고 가서 가두신다. 계모는 여자의 부드러운 마음씨도 없는 듯한 모습을 하고 있구나. 너무나 난폭한 모습에 아가씨는 거의 죽을 것 같은 심정이다. 구루루도[10]로 된 두 칸 짜리 별채의 식초, 술, 생선 등을 놓아두는 정돈되지 않은 방이 있었다. 계모는 이 입구에 다타미 딱 한 장을 깔고는 "자기 고집만 피우고 자신의 일만 생각하는 자는 이런 꼴을 보는거다"라며 아가씨를 거칠게 밀어넣고 직접 빗장을 굳게 지르고 가버렸다. 아가씨는 여러 가지 고약한 냄새가 떠도니 괴로웠지만 너무나 질려서 눈물도 나오지 않을 정도였다.

(「はや、籠めたまへ。我は見じ」とのたまへば、また引きたてて籠めたまふ。女の心にもあらずものしたまひけるかな。おそろしかりけむけしきに、なからは死にけむ。枢戸の廂二間ある部屋の酢、酒、魚など、まさなくしたる部屋の、ただ畳一枚、口のもとにうち敷きて、「わが心を心とする者は、かかる目見るぞよ」とて、荒らかに押し入れて、手づからつい鎖して、錠強くさして住ぬ。君よろづに物の香くさくにほひたるがわびしければ、いとあさましきには、涙も出でやみにたり。)(pp.103-104)

이 방은 아가씨가 그동안 지냈던 움푹 패인 방보다 더욱 열악한 환경으로 식초나 술, 생선 등 식품을 저장하는 창고와 같은 곳이며 사람이 거주할 만한 공간이 아니다. 게다가 누울 자리조차 적당하

---

10 구루루(枢)를 이용해서 개폐하는 문. 기둥이나 문지방의 홈이 파인 부분에 문 상하의 튀어나온 부분을 꽂아서 문을 열고 닫게 하는 장치.

지 않은 곳에 다타미 한 장을 깔고 지내야 하는 현실인데 계모는 밖에서 문까지 걸어버린다. 이러한 절망적인 아가씨의 상황은 '거의 죽을 것 같은 심정이다'라고 표현된다. 더군다나 이 창고에는 저장식품들이 보관되어 있어서 냄새가 심하게 난다. 냄새나고 열악한 공간은 당시 아가씨가 처한 상황을 상징적으로 보여준다.

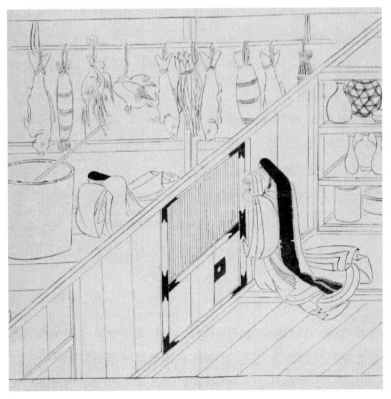

〈그림 3〉 계모가 밖에서 자물쇠를 채우는 장면. 아가씨가 갇힌 창고에는 조류, 생선, 채소 등 저장식품이 걸려 있다.(『오치쿠보 이야기 에마키』 제1권, 국립국회도서관 디지털컬렉션 청구기호人—56)

그녀는 냄새 때문에 숨쉬기도 힘든 창고에 갇혀서 죽음에 대해 떠올리지만 만일 죽는다면 더 이상 미치요리도 만나지 못하게 될 것을 생각하고 한탄한다.

여자는 시간이 지남에 따라 악취 나는 방에 누워서 '죽으면 미치요리님과 다시 이야기도 할 수 없겠구나. 서로 오랫동안 변하지 말자고 약속했었는데'라고 생각하니 너무나 슬퍼져서 어젯밤에 바느질감을 끌어당기시던 모습만이 떠올라 너무나 슬퍼졌다. '어떤 죄를 지어서 이런 일을 당하는 걸까. 계모가 미워하는 것은 흔히 있는 일이라고 사람들이 말하는 걸 듣기도 했지만 아버지의 마음까지 그런 것은 정말로 한탄스럽다고 생각한다.

(女君は、ほど経るままに、物の臭き部屋に臥して、＜死なば、少将にまたもの言はずなりなむこと。長くのみ言ひ契りしものを＞といとかなしく、昨夜物ひかへたりしのみ思ひ出でられて、いとあはれなれば、＜いかなる罪をつくりて、かかる目を見るらむ。継母の憎むは例のことに人も語る類ありて聞く。おとどの御心さへかかるを、いといみじう思ふ。)(p.107)

아가씨가 처한 상황은 '악취나는 방'으로 묘사되어 있다. 처음에는 냄새가 코를 찔러서 참기 어려웠지만 이제 힘이 다 빠진 아가씨는 그 방에 눕게 되고 곧 죽을 것 같다는 생각을 한다. 공간이 주는 괴로움이 어떤 것인지 본문에는 이렇게 '죽음'과 연관시켜 서술하고 있다. 아가씨도 계모의 괴롭힘과 학대는 세상사에 흔히 있을 수 있는 일이라고 납득하려고 하지만 자신을 이런 창고에 가둔 아버지에 대해서는 이해하기가 어려워한다.


## 5. 약자의 자기인식

이렇게 어려운 상황 속에서 각 인물들은 자기 자신에 대해 어떻게 인식하고 있을까? '나', '내 몸' 또는 '내 처지', '내 신분' 등으로 번역할 수 있는 'わが身'라는 표현은 등장인물의 자기인식을 읽어낼 수 있는 어휘이다. 본 작품 속에 이 표현은 약 12례에 한정되지만 꼭 필요한 순간에만 배치된 이 단어는 인물들의 자기인식을 객관적으로 보여준다.

먼저 오치쿠보 아가씨가 자신의 처지에 대해 이 어휘를 사용한 발화는 다음의 장면에서 단적으로 나타난다. 아가씨가 아코기를 통해 미치요리에게 전언을 남기는 부분이다.


"(미치요리 님께는) 더이상 아무것도 생각할 수 없게 되어서 어떤 말도 전할 수 없습니다. 마치 목숨이 사라져버린 것 같은 제 처지에서 당신을 다시 뵙는 것은 어려울지도 모릅니다"

라고 전해라. 심한 악취 나는 물건들이 널부려져 있는 곳에서 너무나 보기 흉하고 괴롭구나. 살다보면 이런 꼴도 당하는구나"라며 우시는 것은 인지상정이다.

(「『さらに物もおぼえぬほどにて、え聞こえず。対面は、消えかへりあるにもあらぬわが身にて君をまた見むこと難きかな』

> と聞こえよ。いみじう臭き物どもの並びゐたる、いみじうみぐるしく、苦しうて
> なむ。生きたれば、かかる目も見るなりけり」とて、泣きたまふとは、世の常な
> りけり。)(p.109)

아가씨는 자신의 상황이 나아지리라는 것에 대한 희망을 포기한 심정으로 자신은 살아있지만 살아있지 않은 것 같은 상태라고 말한다. 악취 나는 창고에서 완전히 절망하여 아가씨는 미래에 대한 희망도 없이 울고 있을 뿐이다.

한편 위 인용문에 나타난 '사라진다(消える)'는 표현은 일본문학에서 자신의 존재를 전면적으로 부정당하거나 죽음에 대해 생각할 때 쓰는 어휘이다. 가령 『다케토리 이야기(竹取物語)』에서 가구야 아가씨(かぐや姫)는 궁중에 출사하라는 할아범에게 다음과 같이 말한다.

> 할아범은 기뻐하며 집에 돌아와서 가구야 아가씨에게 말했다. "천황이 그렇게 말씀하셨다. 그런데도 궁중에 출사를 아니하겠느냐"라고 하자 가구야 아가씨가 대답하기를 "그런 식의 출사는 전혀 하지 않겠다고 생각합니다. 억지로 출사해야 한다면 사라져 버리고 싶습니다. 출사를 한다면 아버지는 관위를 받으시고 저는 죽을 뿐입니다."
>
> (翁、よろこびて、家に帰りて、かぐや姫に語らふやう、「かくなむ帝の仰せたまへる。なほやは仕うまつりたまはぬ」といへば、かぐや姫答へていはく、「もはら、さやうの宮仕へつかまつらじと思ふを、しひて仕うまつらせたまはば、消え失せなむず。御官かうぶり仕うまつりて、死ぬばかりなり」。)(片桐洋
> ─ 校注・訳, 1994: 59)

위 인용문에서도 '사라진다(消え失せる)'와 '죽는다(死ぬ)'라는 표현
이 함께 나타나 있다. 가구야 아가씨는 궁중에 출사해야 한다면 죽
는 것과 마찬가지라며 사라져버리고 싶다고 말한다. 이러한 '사라
진다'의 어휘가 사용되는 문맥을 참조하면 악취 나는 창고에 갇힌
오치쿠보 아가씨의 자기인식이 얼마나 절망적인 것인지 잘 알 수
있다.

다음으로 아코기의 자기 인식에 대해 살펴보자. 아코기의 심리
묘사에 나타난 'わが身'는 그녀의 신분에 대한 인식을 보여준다.

아코기는 생각하고 또 생각하지만 걱정이 끊이지 않는다. 방에 갇
힌 아가씨는 아무 생각도 못하고 실신한 것 같다. 아코기는 여러 가지
일로 걱정하고 한탄한다. '식사도 가져다주지 않고 가두어 두셨는데
그 방에는 식사를 가져가려고 하는 사람도 없겠지. 그렇게 귀엽고 아
름다운 분을 잡아끌어서 데려가는 모습'을 생각하니 너무나 슬프다.
'내 신분이 바로 그 사람과 동등하다면 좋을텐데. 그렇게 된다면 복수
할 거야.'라고 생각하며 흥분한다.

(あこぎ、思へど思へど尽きもせず。部屋籠りたまへる君、ただ物もおぼえ
たまはず。あこぎ、はた思ひ寄らぬことなく嘆く。＜御台をだにまゐらで籠め
たてまつりつるを、この屋へは、よもまゐらじ。さばかりらうたげなりつる御さま
を、引き出でたてまつりつるほどのけしき＞思ひ出づるに、いみじうかなし。
＜わが身、ただ今、人と等しくてもがな。報いせむ＞と思ふ。胸はし
る。)(p.106)

64

여기서 아코기는 '내 신분이 바로 그 사람과 동등하다면 좋을텐데'라고 하는데 이때 '동등하다(等しい)'라는 어휘가 사용된 것은 주목할 만한다. 이 어휘는 예를 들어『우쓰호 이야기』아테미야(あて宮) 권에서도 관직이나 관위에 대해 사용되고 있다.[11] 따라서 단순히 같은 상태나 비슷함을 의미하는 것이 아니라 신분이나 계급을 의식하여 쓰이는 어휘라고 볼 수 있다.

아코기는 자신의 신분이 중납언의 아내인 계모와 동등해진다면 이라고 상상하며 그런 날이 온다면 복수하겠다고 이를 간다. 이 부분에서 아가씨의 충직한 시녀인 아코기가 신분을 의식하고 있음을 알 수 있다. 즉 아코기의 심리묘사를 통해 괴롭힘과 학대가 사회적 약자에게 가해진다는 사실을 텍스트 내부에서 명확하게 제시하고 있는 것이다.

『오치쿠보 이야기』는 사건의 빠른 전개, 적절한 유머 등으로 헤이안 시대의 '대중소설'이라고 일컬어진다(三谷栄一·三谷邦明, 2000: 351). 이 작품이 독자에게 재미와 카타르시스를 주는 것은 물론이지만 흥미만을 위해 꾸며낸 이야기라면 이처럼 오랫동안 널리 읽히지 못했을 것이다. 오히려 사회적으로 신분이 낮은 약자들의 슬픔을 세세하게 그려내고 현실에서는 이루기 힘든 행복한 결말을 그려냄으로써 그들의 삶을 대변하는 역할을 하고 있다는 점에서 그 작품성을 찾아낼 수 있다.

---

11 "관직과 서열도 다른 사람들 정도로 받을 수 있겠지(官爵をも、人と等しく賜はり御覧ぜられむ)"(中野幸一, 2001: 116)

## 6. 맺음말

이상으로 『오치쿠보 이야기』에 나타난 주요 용례를 중심으로 헤이안 시대 사회적 약자로서의 여성의 삶에 대해 고찰했다.

첫째, '오치쿠보'는 위치가 낮은 공간이라는 뜻이지만 성적인 비하의 의미까지 겹쳐져서 그것이 사람의 호칭으로 사용될 때 당사자는 대단히 모욕감을 느끼게 된다. 본문 분석을 통해 그것이 당사자에게는 커다란 수치심을 일으키는 정신적 학대로까지 이어짐을 확인할 수 있었다.

둘째, 작품 속 약자의 두 공간에 대해 고찰했다. 먼저 공간으로서의 '오치쿠보'이다. 움푹 꺼진 방이란 생활하기 힘들고 중심으로부터 배제된 공간이며 그러한 공간에서 갇힌 듯 살아야 하는 것은 신체적 학대에 해당한다. 또 하나는 악취 나는 물건 보관 창고이다. 사람이 살아가는 데에 호흡이 필수라는 점을 생각해보면 냄새나는 공간에 갇혀서 악취를 맡지 않으려고 거부하면 호흡을 멈추는 것 이외에는 피할 방법에 없다. 이것은 악취 나는 공간에 사람을 가두는 것이 얼마나 폭력적인 일인지를 의미한다.

셋째, '내 몸(わが身)'이라는 표현을 통해 등장인물의 자기인식에 대해 분석했다. 냄새나는 공간에 갇힌 아가씨는 절망적 상황에서 죽고 싶다는 심정으로 자신의 존재를 지워버리고 싶을 정도로 괴로워하고 있음을 읽어낼 수 있었다. 한편 아코기의 경우에는 자신의 신분에 대해 현실적으로 인식하며 신분에서 오는 차별에 대해 감지하고 그것을 변화시키기 위해 노력하는 인물상을 보여준다.

　『오치쿠보 이야기』는 헤이안 시대 의지할 곳 없는 젊은 여성이 열악하고 힘든 환경에서 바느질로 노동을 하며 자신의 삶을 영위해 나가는 과정을 그려낸다. 곤경 속에서 오로지 아가씨 편에 서서 그녀를 위해주는 아코기의 행동에서는 어려운 처지의 사람들이 서로를 돕는 모습을 엿볼 수 있다. 이 이야기는 허구의 틀을 빌려 당시 사회적 약자의 목소리의 '흔적'을 담아낸 작품이라고 하겠다.

| 참고문헌 |

&lt;1차자료&gt;

阿部秋生・秋山虔・今井源衛・鈴木日出男 校注・訳(1996)『源氏物語』④ 新編日本古典文学全集, 小学館, p.233.

片桐洋一 校注・訳(1994)『竹取物語』新編日本古典文学全集, 小学館, p.59.

中野幸一 校注・訳(2001)『うつほ物語』② 新編日本古典文学全集, 小学館, p.514.

永井和子・松尾聡 校注・訳(1997)『枕草子』新編日本古典文学全集, 小学館, p.427.

三谷栄一・三谷邦明 校注・訳(2000)『落窪物語』新編日本古典文学全集, 小学館, p.77.


&lt;2차자료&gt;

김종덕(2007)「『源氏物語』에 나타난 '엿보기'의 표현과 構造」『일본연구』34, 한국외국어대학교 일본연구소, pp.51-70.

로절린드C.모리스 엮음・태혜숙 옮김(2013)『서벌턴은 말할 수 있는가?』, 그린비, p.42.

민병훈(2007)「古代文学における女の「籠もり」－話型としての女の試練譚－」『일본어문학』34, 한국일본어문학회, pp.265-286.

박연정 외(2010)『오치쿠보 이야기－일본 고대의 신데렐라 이야기』, 문, pp.1-260.

신은아(2010)「『源氏物語』の嫉妬する女性たち－「さがなき」女君の嫉妬－」『일어일문학연구』73-2, 한국일어일문학회, pp.59-76.

이부용(2018)「꽃처럼 아름다운 그녀들의 사랑」일본고전독회 편,『동식물로 읽는 일본문화』, 제이앤씨, pp.357-375.

이신혜(2010)「『마쓰카게주나곤 모노가타리』의 계모담」『일어일문학연구』73-2, 한국일어일문학회, pp.121-135.

한정미(2011)「物語文学における賀茂信仰の変貌－『落窪物語』『うつほ物語』『狭衣物語』を中心に－」『일본학보』89, 한국일본학회, pp.241-252.

岩原真代(2008)「落葉の宮の浮名と社会環境」『源氏物語の住環境』, おうふう, p.122.

大原智美(2015)「『落窪物語』論－「書かず」型草子地の視点から」『国文目白』54, 日本女子大学国語国文学会, pp.211-220.

神尾暢子(2008)『落窪物語の表現論理』, 新典社, pp.1-254.

小嶋菜温子(2014)「王朝文芸に見る女性と結婚」, 小峯和明 編,『日本文学史』, 吉川弘
　　文館, pp.261-280.

長沼英二(1994)『落窪物語の表現構成』, 新典社, pp.1-222.

畑恵里子(2010)『王朝継子物語と力―落窪物語からの視座―』, 新典社, pp.1-270.

星山健(2014)「王朝物語における「うつくし」「うつくしげ」」,『国語と国文学』91-11, 東京
　　大学国語国文学会, pp.3-15.

三田村雅子(2015)「物語は髪をどう語るか―黒髪の物語史」『上智大学国文学科紀要』
　　32, 上智大学国文学科, pp.3-38.


<전자매체>
국립국회도서관 디지털컬렉션 https://dl.ndl.go.jp/(검색일: 2023.2.14.)

# 아이누 민족의 문화적 주체화
### 일본의 대중매체를 중심으로


김 영 주


## 1. 머리말

아이누 민족은 일본의 홋카이도(北海道), 혼슈(本州) 북부, 사할린, 쿠릴 열도, 캄차카반도 등지에 분포하던 소수민족으로, 현재는 홋카이도에 약 1만 3000명이 거주 중[1]이다. 이들은 혼슈를 중심으로 활동한 이른바 야마토(大和) 민족과는 구분되는 고유한 문화와 언어를 가지고 있으며, 야마토 민족이 본격적으로 홋카이도에 진출하기 시작한 15세기 이전부터 이미 홋카이도에서 살고 있었다. 1869년

---

1 2017年 第8回 アイヌ生活実態調査,
   http://www.pref.hokkaido.lg.jp/ks/ass/index.htm(검색일: 2023.4.3.)

홋카이도가 일본의 영토로 편입되면서 제도상 일본 국민의 신분이 되었지만, 여전히 「구토인(旧土人)」이라 불리며 일본 정부와 일본인(야마토 민족)에게 차별과 착취를 강요당했다. 편입 이전에는 분리정책 아래 아이누 민족에게 일본문화를 금지하며 아이누 문화를 강요하던 일본 정부였지만, 편입 이후에는 문화 동화정책을 내세우며 아이누어와 아이누 민족의 풍습을 금지했다.

태평양전쟁이 끝나고 제국주의가 종언한 이후에도 계속해서 아이누 민족은 정체성을 부정당했다. 일본 사회에 뿌리 깊게 자리 잡은 단일 민족 사상 아래 동화되어 이미 소멸한 과거 민족으로 취급당했으며, 아이누 문화도 이국적이고 야만적인 측면만이 강조되어 호기심의 대상으로 소비되었다. 1950년대 이후 관광에 종사하는 아이누를 비하하는 호칭으로 사용되었던 「관광 아이누」는 근대적이고 현대적인 일본적 문화와 대립하는 이국적이고 미개한 존재로서의 아이누를 보여주는 대표적 문화 표상이라 할 수 있다[2].

일본의 문화콘텐츠를 통해서 아이누의 표상을 분석한 최은희는 「정체성은 배제와 포섭을 통해 상실된다」[3]고 말한다. 일본 정부가 주도해온 배제와 포섭의 역사를 거치며 아이누 민족의 정체성은 희미해지고, 왜곡된 문화 표상이 자리를 잡았다. 아이누 민족이 존중에 입각한 문화적 주체화를 이루기 위해서는 문화 제국주의의 종속에서 벗어나 상실된 아이누 민족의 정체성과 자긍심을 회복하

---

2  최은희(2018)『표상의 정치학: 일본 텔레비전 다큐멘터리와 아이누의 표상』, 소명출판, pp. 81-124

3  최은희(2018), 앞의 책, p. 266

는 작업이 선행되어야 할 것이다. 그런 의미에서 2021년 3월 발생한 니혼테레비(日本テレビ)『슛키리(スッキリ)』의 차별 발언을 둘러싼 일반대중의 반응과 방송매체의 대처는 시사하는 바가 크다.

2021년 3월 니혼테레비 계열의 정보프로그램『슛키리』에서 아이누 민족에 대한 차별적 용어를 방송하여 문제가 되었다. 아이누 여성이 출연하는 다큐멘터리를 소개하면서, 진행자 코미디언이 아이누를 「아, 이누!」라고 개에 빗대는 장면이 전파를 탄 것이다. 당시 화면에는 「あ、犬!(アイヌ)」라는 자막과 함께 개 그림이 삽입되어 있었기 때문에, 아이누를 개에 빗대고 있음은 의심의 여지가 없었다. 방송이 나간 이후 시청자의 항의가 이어지며 해당 차별 발언은 사회문제로 대두되었다. 결국 해당 방송 내용에 대한 방송윤리검증위원회가 조직되어 조사와 고찰을 실시한 결과, 2021년 7월 21일「니혼테레비『슛키리』아이누 민족 차별 발언에 관한 의견」을 발표하고 해당 방송이 「방송윤리를 위반」했음을 인정하고 재발 방지를 촉구했다. 이는 대중매체에서 발생한 아이누 민족 차별 행위에 대하여 시청자와 방송매체 차원에서 발 빠른 대처를 통해 개선과 재발 방지가 이루어진 보기 드문 예라고 할 수 있다.

국제사회에서 다문화 공존과 선주민족의 권리에 관한 관심이 높아지고, 북방사도(北方四島, 남쿠릴 열도)를 둘러싼 일본과 러시아의 갈등이 심화하는 가운데 아이누 민족을 향한 일본 사회의 관심은 그 어느 때보다 뜨겁다. 2020년 7월 12일에는 코로나 상황 속에서도 홋카이도 시라오이초(白老町)에 아이누 민족과의 공생을 상징하는 대규모 문화공간 「우포포이(ウポポイ)」도 문을 열었다. 무엇보다 주목해야 할 특징은 정부와 아이누 민족뿐 아니라 일반대중도 아이누 민족에게 관심을 기울이기 시작했다는 점이다. 이러한 관심은 아이누 민족이 등장하는 출판물과 영상물을 비롯한 문화콘텐츠의 양적 증가는 물론이고, 대중적 인기와 작품성 획득으로 나타나고 있다. 2014년 연재를 시작한 만화『골든 카무이(ゴールデンカムイ)』는 2018년 TV 애니메이션으로 제작되어 대중적 성공을 거두었으며, 2019년 발표한 가와고에 소이치(川越宗一)의 장편소설『열원(熱源)』은 162회 나오키상을 수상했다. 일본 공공방송 일본방송협회(이하 NHK)에서도 2019년 홋카이도 편입 150주년 기념 특집 드라마『영원한 니스파⁴~홋카이도라고 이름 붙인 남자 마쓰우라 다케시로~(永遠のニシパ~北海道と名付けた男 松浦武四郎~)』를 시작으로, 2020년 이후부터 다양한 우포포이 관련 프로그램과 아이누 민족을 다룬 다큐멘터리 등을 방송하고 있다.『슷키리』차별 발언에 대한 일반대중과 대중매체의 발 빠른 대처는 이러한 문화적 흐름 속에서 이해되어야할 것이다.

대중매체는 대중에게 지대한 문화적 영향력을 발휘하는 채널로서, 일본인들이 아이누 민족을 접하는 주요 경로이기도 하다. 이에 본 논문에서는 대중매체를 중심으로 아이누 민족의 문화적 주체화에 대해 고찰해보고자 한다. 먼저 일본 정부의 아이누 문화정책을 확인하고, 아이누 민족과 관련하여 주목할만한 대중매체와 일본 사회의 동향을 살필 것이다. 마지막으로 아이누 민족이 직접 운영하거나 아이누 민족에 관한 프로그램을 정기적으로 방송 중인 대

---

4  니스파 ニシパ【nispa】는 신사, 부자, 주인 등을 뜻하는 아이누어.

중매체를 살펴봄으로써, 아이누 민족의 문화적 정체성과 자긍심 회복에 대해 생각해보고자 한다.

## 2. 일본 정부의 아이누 문화정책

15세기 본격적으로 아이누 민족의 땅(홋카이도)에 진출한 일본인 은 아이누를 이민족으로 취급하며 배제했다. 아이누 민족에게는 일본식 옷차림과 풍속이 금지되는 등, 일본인과 분리하는 정책이 시행되었다.

그러나 1869년 홋카이도를 일본 영토를 편입하면서 일본 정부의 對아이누 민족 정책은 180도로 바뀐다. 일본문화를 철저하게 금지 하며 아이누를 배제하던 편입 전과는 반대로, 일본으로의 동화를 강요하는 동화정책이 시행된 것이다. 일본 정부는 근대화의 이름 으로 아이누어와 문신 등은 물론이고, 아이누 민족의 전통적 생활 방식인 수렵과 연어잡이마저 금지했다. 척박한 땅에서 익숙지 않 은 농업에 어려움을 겪으며 많은 아이누인이 극심한 생활고에 시 달리게 되었고, 이는 결과적으로 아이누 민족의 사망률 증가로 이 어졌다. 이런 과정을 거치며 아이누 민족으로서의 정체성과 전통 문화는 부정당하고 지워질 수밖에 없었다.

1950~1960년대 일본이 경제 성장기에 들어서자 일본 사회에서 「관광 아이누」 붐이 일어난다. 주류집단에 의해 이국적인 관광상품 으로 상품화되어 일방적으로 소비된 것이다.[5] 태평양전쟁이 끝나

고 제국주의는 막을 내렸지만, 정책의 변화 없이 교육과 소득수준의 격차 폭을 좁히지 못한 아이누 민족은 문화 제국주의의 종속에서 벗어나지 못하고 있었음을 확인할 수 있다.

일본 정부가 비로소 아이누 문화의 가치를 재평가하고, 국가적 관심과 지원을 시작한 것은 홋카이도 편입으로부터 약 130년이 지난 1997년이었다. 1997년 일본 정부는 「아이누 문화의 진흥 및 아이누의 전통 등에 관한 지식의 보급 및 계발에 관한 법률(アイヌ文化の振興並びにアイヌの伝統等に関する知識の普及及び啓発に関する法律)」을 제정했다. 이 법률을 통해 일본 정부는 처음으로 아이누의 「선주성(先住性)」을 인정하고, 이를 계기로 국가 차원에서 아이누 문화의 진흥과 보급 계몽에 참여하기 시작했다. 그러나 이 법률은 아이누 문화를 「전통 문화」로 제한함으로써 근현대 역사를 아이누 문화에서 배제하는 결과를 초래했다.[6]

이러한 법률상의 한계점을 보완하고자 2019년 4월 새로운 법률 「아이누인들의 긍지가 존중되는 사회 구현을 위한 시책 추진에 관한 법률(アイヌの人々の誇りが尊重される社会を実現するための施策の推進に関する法律)」이 제정되었다. 이 법률은 아이누 문화를 다음과 같이 정의하며 그 범위를 미래로 확대하였다.

이 법률에서 「아이누 문화」란 아이누어 그리고 아이누에게 계승되

---

5 太田好信(1993.3)「文化の客体化―観光をとおした文化とアイデンティティの創造」『民族學研究』57-4, pp. 383-410.
6 조아라(2008)「일본의 아이누 문화정책과 소수민족 정체성의 사회적 구성」『문화역사지리』20-3, pp. 5-6.

어 온 생활양식, 음악, 무용, 공예 및 그 밖의 문화적 소산 및 이로부터 발전한 문화적 소산을 말한다.[7]

2019년 새롭게 제정된 법률을 통해서, 법적 근거에 따라 전시대와 일본 전국을 포함하는 넓은 범위에서 아이누 민족의 문화에 접근할 수 있게 되었다.


## 3. 대중매체와 여론의 동향

3장에서는 머리말에서도 언급한 니혼테레비『슷키리』민족차별 발언을 중심으로 근년 아이누 민족과 관련된 대중매체와 여론의 동향을 살펴본다.『슷키리』민족차별 발언을 둘러싼 각계의 반응과 대처, 그리고 일본 방송단체의 방송기준 및 일본 내각부에서 실시한 아이누 관련 세론조사의 통계 데이터를 통해서 아이누 민족과 아이누 문화에 대한 일본 사회의 인식 변화를 살펴보고자 한다.

### 3.1 니혼테레비『슷키리』아이누 민족 차별 발언 관련

2021년 3월 12일 방송된 니혼테레비 계열의 정보프로그램『슷

---

7 「平成三十一年法律第十六号 第2条」,
https://elaws.e-gov.go.jp/document?lawid=431AC0000000016(검색일: 2023.4.3.)

키리(スッキリ)』의 아이누 민족차별 발언, 다시 말해 아이누 민족을 개에 빗댄 「아, 이누!(ぁ, 犬!)」발언이 방송되었다. 방송이 나간 이후, 홋카이도 아이누 협회가 공식적으로 원인 규명을 요청했으며, 가토 가쓰노부(加藤勝信) 관방장관도 기자회견 등에서 「지극히 부적절」한 발언으로 「대단히 유감스럽다」라는 의견을 밝히며 방송사 측에 공식적으로 항의 의사를 전달했다[8]. 특히 SNS에서 비난 여론이 확산하며 차별 발언과 이를 그대로 내보낸 방송국과 방송관계자에 대한 각계 각층의 비판이 이어졌다.

이에 『슷키리』측은 3월 15일 방송에서 진행 아나운서를 통하여 「제작에 참여한 사람에게 표현이 차별이라는 인식이 부족하여, 프로그램 입장에서 확인이 불충분했다」라며 공식적으로 사과했다. 이로부터 3일 뒤인 2021년 3월 18일에는 니혼테레비의 회장 겸 일본민간방송연맹의 회장이기도 한 오쿠보 요시오(大久保好男)가 정례회견에서 다음과 같이 사과 입장을 밝혔다.

3월 12일 방송한 니혼테레비의 정보프로그램『슷키리』에서 아이누 민족 분들에게 상처를 주는 부적절한 표현이 있었습니다. 아이누 민족 여러분과 관계자 여러분께 진심으로 사과의 말씀을 드립니다. 이러한 일이 다시는 일어나지 않도록 재발 방지에 힘쓰는 동시에, 아

---

8  「スッキリのアイヌ発言 官房長官「極めて不適切」, 日テレに抗議」朝日新聞デジタル, 2021.3.15. 記事,
https://mainichi.jp/articles/20210315/k00/00m/040/201000c(검색일:2023.4.3.);
「加藤官房長官、日テレのアイヌ差別表現「誠に遺憾」」, 産経新聞デジタル, 2021.3.15. 記事
https://www.sankei.com/article/20210315-SCZKXKHEEZME5A3HPB3Y
DWBYYI/(검색일: 2023.4.3.)

이누 민족 여러분의 역사나 문화, 전통을 이해하고 미디어로서 그것을 널리 알리는 대처를 추진해 나가겠습니다.[9]

오쿠보 회장은 사전의 원인 파악과 재발방지책 강구뿐만 아니라, 아이누 민족의 역사, 문화, 전통에 대한 이해와 확산을 약속하고 있다는 점에서 시사하는 바가 크다.

실제로 방송윤리·프로그램향상기구(이하 BPO)는 10명으로 구성된 방송윤리검증위원회를 발촉하여 해당 방송 내용을 검토하고, 2021년 7월 21일 검토결과문 「니혼테레비『슷키리』아이누민족차별발언에 관한 의견」을 발표했다. BPO는 NHK와 일본민간방송연맹에 의해 설치된 제3자 기관이다. 주로 시청자 등이 문제를 지적한 프로그램과 방송을 검증하여 방송업계 전체 또는 특정 방송국에 의견과 견해를 전달하고 일반에게도 공개함으로써 방송업계의 자율과 방송 품질의 향상을 촉진하는 일을 수행한다.[10] 방송윤리검증위원회는 표지와 목차를 제외하고 15장에 달하는 의견서를 통해, 프로그램의 제작체제부터 제작관계자의 역사의식까지 다양한 부분을 조사 및 고찰하여 「방송윤리 위반이 있었다」라는 판단을 내렸다고 밝혔다. 위원회는 문제 내용이 방송된 명확한 요인으로 「아이누 민족과 그 차별 문제에 관한 기본적 지식이 스탭들에게 결정

---

9 「日テレ会長が謝罪「スッキリ」のアイヌ民族差別表現」, 朝日新聞デジタル, 2021.3.18. 記事, https://www.asahi.com/articles/ASP3L6QC0P3LUCVL01B.html(검색일: 2023.4.3.)

10 BPO(放送倫理・番組向上機構) 公式サイト, https://www.bpo.gr.jp/wordpress/(검색일: 2023.4.3.)

적으로 부족했다」고 지적하면서, 방송인으로서 책임을 다음과 같이 강조하며 의견서를 끝맺었다.

차별 근절을 위한 첫걸음은 「알다」와 「알린다」부터 시작된다. 그리고 방송인에게 있어 「알다」의 가장 큰 계기는 프로그램을 제작하는 것 자체일 터이다. 방송을 계속하는 것이 방송인으로서의 감도를 연마하는 유일한 길이다. 이번 방송에서 얻을 수 있는 교훈은 차별 문제를 겁내지 말고 마주해야 한다는 방송계 전체를 향한 메시지도 담고 있다고 위원회는 받아들이고 있다.[11]

BPO는 의견서를 통해 차별 문제를 대하는 대중매체와 언론인의 바람직한 자세를 강조했다. 아이누 차별 발언에 대한 시청자의 문제 제기로 촉발된 언론계의 자성 움직임은 실제로 일본민간방송연맹 조문 개정으로 이어지며 눈에 보이는 결실을 맺고 있다.

## 3.2 일본민간방송연맹 방송기준 개정

일본민간방송연맹은 기간방송[12]을 실시하는 일본 전국의 민간방

---

11 「日本テレビ『スッキリ』アイヌ民族差別発言に関する意見」,
https://www.bpo.gr.jp/wordpress/wp-content/themes/codex/pdf/kensyo/dete
rmination/2021/41/dec/0.pdf(검색일: 2023.4.3.)
12 일본민간방송연맹 홈페이지에 따르면, 기간방송이란 무선방송용으로 할당된 주파수를 사용하는 방송으로 지상기간방송(AM, FM, 단파, TV) 위성기간방송(BS, 동경 110도 CS) 등이 있다.
https://j-ba.or.jp/category/aboutus/jba101977(검색일: 2023.4.3.)

송사업자를 회원으로 하는 일반사단법인으로 2023년 4월 시점에서 정회원 205사와 준회원 2사, 합계 207사로 구성되어 있다. 일본민간방송연맹은 2022년 5월 26일, 기존의 「일본민간방송연맹 방송기준」 152조문 가운데 45조문을 개정했다. 2023년 4월 1일부터 시행되는 이번 개정은 1951년 라디오 방송기준 제정, 1958년 텔레비전 방송기준 제정, 1970년 라디오 방송기준과 텔레비전 방송기준 통합 이후 이루어진 가장 큰 규모의 개정이다. 일본민간방송연맹은 개정의 경위와 배경을 다음과 같이 밝히고 있다.

> 민방연은 대략 5년마다 「일본민간방송연맹 방송기준」을 재검토하고 있다. 지난번 재검토를 실시한 2014년 이후의 사회 변화, 특히 한층 높아진 인권 의식과 가치관의 다양화에 대응하는 것 등을 목적으로, 2019년도부터 3년에 걸쳐 재검토의 검토를 진행하여 5월 26일 개최된 이사회에서 「일본민간방송연맹 방송기준」의 개정을 결정했다[13]

연맹은 개정의 주요 목적으로 「한층 높아진 인권 의식과 가치관의 다양화」를 제시하고 있다. 앞서 살펴본 『슷키리』의 아이누 민족 차별 발언을 둘러싼 일련의 사건이 인권 의식의 변화와 대응의 필요성을 깨닫는 데 큰 영향을 미쳤음은 개정안을 구체적으로 살펴보면 더욱 분명히 알 수 있다.

---

13 「「日本民間放送連盟 放送基準」の改正について(概要)」,
　　https://j-ba.or.jp/category/references/jba101010 (검색일: 2023.4.3.)

| 기존 조문 | 개정 조문[14] |
|---|---|
| (5) 인종·성별·직업·경우·신조 등에 의해 취급을 차별하지 않는다. | (5) 인종·민족, 성, 직업, 처우, 신조 등에 의해, 차별적인 취급을 하지 않는다. |
| (10) 인종·민족·국민에 관한 내용을 취급할 때는, 그 감정을 존중하지 않으면 안 된다. | (10) 인종·민족·그 국가나 지역 사람들에 관한 내용을 취급할 때는, 그 감정을 존중하지 않으면 안 된다. |

「제1장 인권」 5조 차별적 취급을 해서는 안 되는 대상에 「민족」이, 「제2장 법과 정치」 10조 방송 내용을 취급하면서 감정을 존중해야 하는 대상에 「지역 사람들」이 추가되었다. 홋카이도 지역에 거주하는 아이누 민족을 염두에 둔 개정임을 추정해볼 수 있다. 「제8장 표현상의 배려」에서는 다음과 같이 조문이 개정되었다.

| 기존 조문 | 개정 조문 |
|---|---|
| (45) 방언을 사용할 때는, 그 방언을 일상적으로 사용하고 있는 사람들에게 불쾌한 느낌을 주지 않도록 주의한다. | (44)[15] 지역의 문화나 풍습, 언어를 존중하여, 그것을 일상으로 삼고 있는 사람들에게 불쾌감을 주지 않도록 주의한다. |

기존의 불쾌감을 주지 않도록 주의해야 하는 대상이 「방언」에 한정되어 있던 조문에 「지역의 문화나 풍습」을 추가하여 한층 폭넓은 주의를 기울이는 내용으로 수정하고 있다.

일본민간방송연맹 방송기준 조문의 개정은 향후 방송국의 방송

---

14  이하 인용의 물결모양 밑줄은 일본민간방송연맹의 발표 자료에 따른다.
15  기존 23조와 기존 24조가 통합되어 기존 25조 이하 조항 번호가 수정되었다.

내용에 직접적인 영향을 미친다는 점에서 시사하는 바가 크다.『슛키리』에 대한 BPO 방송윤리검증위원회의 판단도 일본민간방송연맹 방송기준에 준거하여 이루어졌다. 이렇듯 구체적인 민족과 지역문화와 풍습에 대한 차별금지를 명기한 방송기준이 마련됨으로써, 왜곡되거나 차별적 내용을 다룬 방송의 감소를 기대할 수 있게 되었다.

### 3.3 아이누에 대한 이해도에 관한 세론조사

일본 내각부는 정기적으로 다양한 항목에 대한 세론조사를 실시하여 국정운영에 참고하고 있다. 아이누 민족과 관련한 조사도 여러 차례 시행되었는데, 그 가운데 주목할만한 조사는「아이누에 대한 이해도에 관한 세론조사」[16]이다. 해당 내용의 조사는 2015년 아이누인을 대상으로, 2016년과 2022년 非아이누인 일본국적자를 대상으로 총 세 차례에 걸쳐 이루어졌다. 본 논문에서는 이들 조사 내용 가운데 대중매체와의 관련성을 추론할 수 있는 설문 두 항목을 소개하며 대중매체의 중요성을 확인하고자 한다. 먼저 현재의 아이누에 대한 차별과 편견의 유무를 묻는 [설문1]에 대해 살펴보자.

---

16  이하 조사결과는 일본내각부 세론조사 사이트 참고,
     https://survey.gov-online.go.jp/index.html(검색일: 2023.4.3.)

| [설문1] 당신은 아이누인들에 대해서, 현재는 차별이나 편견이 있다고 생각합니까? | | | |
|---|---|---|---|
| 조사 시기와 대상 | 있다고 생각한다 | 없다고 생각한다 | 모르겠다 |
| 2015년 아이누민족<br>(응답자 705명) | 72.1 % | 19.1 % | 8.8 % |
| 2016년 일본국적자<br>(응답자 1,727명) | 17.9 % | 50.7 % | 31.4 % |
| 2022년 일본국적자<br>(응답자 1,602명) | 21.3 % | 28.7 % | 49.7 %<br>(무응답 0.3%) |

차별과 편견이 있다고 생각하는 아이누 민족의 비율이 72.1%인데
비해, 非아이누인은 1/3에도 미치지 않는 응답자가 있다고 대답했다.
흥미로운 부분은 2016년에는 절반이 넘는 50.7%의 응답자가 차별과
편견이 없다고 생각한다고 답했지만, 2022년 조사에서는 28.7%로 수
가 크게 줄어들었다는 점이다. 줄어든 숫자가 그대로 차별이 「있다고
생각한다」로 전환된 것은 아니지만, 차별과 편견이 없다고 단정 지을
수 없는 사회 분위기가 형성되고 있음을 보여주는 결과라고 할 수 있다.
이러한 변화가 발생한 원인을 다음 [설문2]를 통해 유추해볼 수 있다.

| [설문2] 차별이나 편견이 있다고 생각한 이유는 무엇입니까? (복수 응답) | | | |
|---|---|---|---|
| | 2015년<br>아이누민족<br>(309명) | 2016년<br>일본국적자<br>(508명) | 2022년<br>일본국적자<br>(341명) |
| 보도 등을 통해 아이누인이 차별을 받고 있<br>다는 이야기를 들은 적이 있기 때문에 | 해당 항목<br>없음 | 47.2 % | 62.8 % |
| 막연히 차별이나 편견이 있다는 이미지가<br>있기 때문에 | 54.7 % | 39.8 % | 39.9 % |
| 경제격차나 교육격차가 있다는 이미지가<br>있기 때문에 | 45.9 % | 24.6 % | 27.9 % |

| 옛날 학교수업에서 아이누인이 차별을 받고 있다고 들어서, 지금도 그 이미지가 있기 때문에 | 해당 항목 없음 | 21.0 % | 27.6 % |
|---|---|---|---|
| 친구와 지인 등 주변 사람이 차별을 받고 있기 때문에 | 51.4 % | 3.9 % | 2.3 % |
| 자신의 자녀로부터 학교수업에서 아이누인이 차별을 받고 있다는 것을 배웠다고 들었기 때문에 | 해당 항목 없음 | 3.9 % | 1.5 % |

조사결과를 보면 감소에서 최대 7% 증가의 변화를 보이는 다른 항목에 비해서, 「보도 등을 통해 아이누인이 차별을 받고 있다는 이야기를 들은 적이 있기 때문에」를 선택한 응답자 수가 약 15%나 증가했음을 확인할 수 있다. 이러한 결과는 대중매체를 통한 노출의 증가가 아이누 민족에 대한 인식 변화에 유의미한 영향을 미칠 수 있음을 뒷받침해준다.

## 4. 아이누 민족 관련 대중매체

마지막으로 4장에서는 아이누 민족이 주체가 되어 운영되고 있는, 또는 아이누 민족의 문화와 관련된 프로그램을 발신하는 대중매체와 그 현황을 살펴보고자 한다.

### 4.1 아이누 타임스

아이누 타임스는 「아이누어는 아직 살아있다는 것을 알리고, 아이누어를 배우는 사람의 저변을 넓힌다[17]」라는 목적 아래 1997년 3월 20일 창간된 신문이다. 현재 유일하게 아이누어로 발행되는 신문이며, 일본어판도 함께 발행하고 있다. 1년에 총 4회, A4지 12페이지 분량으로 발행되며, 「아이누어 펜클럽」이 발행을 담당한다. 아이누어 펜클럽은 아이누 민족당의 당대표와 니부타니 아이누 자료관 관장 등을 역임한 아이누 민족 활동가 가야노 시로(萱野志朗)가 주축이 되어 시작한 비영리단체로서, 「독립된 언어인 아이누어로 신문을 만들자」라는 취지로 1996년 결성되었다.

아이누 타임스의 가장 큰 특징은 역시 아이누어로 발행된다는 점이다. 아이누 민족은 고유 문자가 없기에 아이누어는 가나(カナ)와 로마자를 사용하여 병행 표기하며, 필요한 경우에는 로마자에 악센트를 사용하여 아이누어를 정확하게 전달하기 위해서 힘을 쏟고 있다. 아이누 민족과 관련된 소식을 전하는 데 중점을 두고 있지만, 시사 문제와 계절 소식 등 일본 사회에 관한 다양한 내용을 다루며 읽을거리를 제공하고 있다. 정기구독 또는 삿포로서점(サッポロ書店)에서 구매할 수 있다.

### 4.2 FM 니부타니(二風谷) 방송

FM 니부타니(二風谷) 방송은 가야노 시로의 아버지이자 아이누

---

17 アイヌタイムズの紹介 宣伝用パンフレット,
http://aynuitak.g2.xrea.com/leaflet/161204_Japan_flier_for_Ainutimes.pdf
(검색일: 2023.4.3.)

민족 운동의 선구자인 가야노 시계루(萱野茂)가 2001년 4월 8일 시작한 라디오 방송이다. 홋카이도 히라토리초(平取町) 니부타니에 위치한 「니부타니 어린이 도서관(二風谷こども図書館)」에 가야노 시계루가 사비를 들여 스튜디오, 즉 방송설비를 마련하고 시작한 미니 FM 라디오 방송이다. 방송 범위가 수십 미터 정도이기에 오랜 기간 니부타니 지역에 한정되었던 지역방송이다. FM 니부타니 방송은 FM 피파우시(ピパウシ)라는 애칭으로 알려져 있는데, 피파우시는 바로 니부타니의 일부 지역을 가리키는 지명으로 아이누어로 「민물 조개가 많은 곳」을 뜻한다. 한 달에 한 번, 2시간씩 방송되며, 아이누어를 섞은 지역 뉴스 인터뷰, 간단한 아이누어 회화 등을 기본 내용으로 하고 있다.[18]

현재 FM 니부타니 방송은 인터넷을 통한 발신을 병행하고 있다. 니부타니 이외의 지역에서도 청취할 수 있으며, 공식사이트에서 과거 방송분의 일부도 공개 중이다[19].

## 4.3 STV 라디오 「아이누어 라디오 강좌」

아이누 민족 단체가 아닌 일반방송사에서 운영하는 프로그램도 있다. 홋카이도 지역에서 중파방송(AM라디오 방송)을 실시하는 특정 지상기간방송사업자인 주식회사 STV라디오는 1987년부터 「아이

---

18 小内純子(2013)「アイヌの先住民族メディアの現段階」『「調査と社会理論」研究報告書 30』, pp. 68-77.
19 エフエム二風谷放送 公式サイト, http://fmpipausi.sakura.ne.jp/menu.html(검색일: 2023.4.3.)

누어 라디오 강좌」를 방송하고 있다.

STV라디오의 「아이누어 라디오 강좌」는 1987년 10월 18일 가야노 시게루를 초대 강사로 모시고, 초보자를 위한 쉬운 아이누어 강좌로 시작되었다. 진행과 구성에는 아이누 민족 또는 해당 전문가가 참여하여 내용을 검증하고 있다. 2008년 4월부터는 방송에서 사용하는 교재 텍스트를 PDF 파일로, 음성을 MP3의 고음질 팟캐스트로 내려받을 수 있는 서비스를 제공하기 시작하는 등, 청취자들의 아이누어 학습 효율 향상을 위해 시대에 맞는 노력을 이어오고 있다.

4장에서 살펴본 아이누 타임스와 FM 니부타니 방송은 발신 횟수와 콘텐츠의 양적인 측면에서 풍족하다고 하기 힘들다. 그러나 아이누 민족이 주체가 되어 운영 발신하는 대중매체라는 점에 의의가 크다. 오나이 준코(小内純子)는 아이누 민족에 관한 연구보고서에서 민족 내부적으로는 민족으로서 정체성 확립의 계기 나아가 민족 공동체 활동을 활성화하는 동력이 될 수 있으며, 외부적으로는 주류사회의 눈에 보이지 않는 존재였던 아이누 민족의 존재를 가시화하는 효과가 있으며 또한 주류 방송매체에서 발신하는 아이누 민족에 관한 고정관념 및 잘못된 내용을 정정할 기회도 얻을 수 있다는 점을 들며 이들 매체의 중요성을 강조하고 있다.[20]

한편 이들 대중매체는 아이누어 전문가와 실제 사용자가 주축이 되어 활동하고 있다는 점에서, 소멸의 위기에 처한 아이누어를 보

---

20  小内純子(2015)「アイヌの人々のメディア環境とアイヌ語学習」『「調査と社会理論」研究報告書 33』, pp.125-140.

존하고 전승해나가는 데도 큰 역할을 담당해왔다. 애니메이션을 비롯한 아이누 관련 문화콘텐츠가 증가하면서 아이누 문화에 대한 대중의 관심이 높아지고 있다. 인터넷을 통해 쉽게 접근할 수 있는 이들 매체는 아이누 문화의 교육과 확산을 담당하는 살아있는 채널로서 향후 역할과 중요성이 한층 증가할 것으로 예상된다.

## 5. 맺음말

오랜 배제와 포섭의 역사를 보내며, 아이누 민족은 왜곡된 정체성을 강요당했다. 아이누 민족이 일본의 주류집단에 의한 문화 제국주의 종속에서 벗어나 아이누 민족으로서의 문화적 정체성과 주체성을 회복하기 위해서는 무엇보다 대중매체의 역할이 중요하다. 이에 본 논문에서는 일본 대중매체에 기본 틀을 제공하는 일본 정부의 아이누 문화정책을 시작으로, 최근 사회적 관심을 끌며 언론계에 큰 영향을 미친 니혼테레비『슷키리』아이누 차별 발언 관련 움직임, 아이누 민족에 대한 일본 사회의 이해도 변화, 아이누 민족 관련 발신을 이어오는 대중매체를 살펴보았다. 2019년 새롭게 마련된 아이누 관련 법률을 통해 사회제도의 뒷받침을 받으며, 민관이 발신하는 아이누 관련 문화콘텐츠는 양과 질 모두에서 증가세를 보이고 있다. 대중매체를 중심으로 전개되는 이러한 움직임은 아이누 민족으로 대표되는 소외계층에 대한 국민적 인식 개선으로 이어지고 있다. 2021년『슷키리』아이누 차별 발언을 둘러싸고 시청자, 정치계, 대중매체가 보여준 적극적이고 비판적인 대응에서 이러한 인식 변화를 확인할 수 있었다. 아이누 민족의 문화적 주체화, 나아가 다문화에 대한 이해와 존중에 입각한 상생 사회 건설을 위해서 대중매체의 보다 적극적인 활용방안의 검토 및 도입이 필요하다고 생각된다.

| 관련 웹 사이트 및 코퍼스 |

2017年 第8回 アイヌ生活実態調査,
　　　http://www.pref.hokkaido.lg.jp/ks/ass/index.htm(검색일: 2023.4.3.)
e-Gov法令検索,
　　　https://elaws.e-gov.go.jp/document?lawid=431AC0000000016(검색
　　　일: 2023.4.3.)
アイヌタイムズの紹介 宣伝用パンフレット,
　　　http://aynuitak.g2.xrea.com/leaflet/161204_Japan_flier_for_Ainutim
　　　es.pdf(검색일: 2023.4.3.)
エフエム二風谷放送 公式サイト, http://fmpipausi.sakura.ne.jp/menu.html(검색일:
　　　2023.4.3.)
「加藤官房長官、日テレのアイヌ差別表現「誠に遺憾」」産経新聞 2021.3.15. 記事,
　　　https://www.sankei.com/article/20210315-SCZKXKHEEZME5A3H
　　　PB3YDWBYYI/(검색일: 2023.4.3.)
国土交通省資料(2019),
　　　https://www.mlit.go.jp/report/press/hok01_hh_000033.html(검색일:
　　　2023.4.3.)
「スッキリのアイヌ発言　官房長官「極めて不適切」日テレに抗議」, 朝日新聞デジタル, 2021.
　　　3.15. 記事,
　　　https://mainichi.jp/articles/20210315/k00/00m/040/201000c(검색일:
　　　2023.4.3.)
BPO(放送倫理・番組向上機構) 公式サイト, https://www.bpo.gr.jp/wordpress/(검
　　　색일: 2023.4.3.)
内閣府 世論調査, https://survey.gov-online.go.jp/index.html(검색일: 2023.4.3.)
「日テレ会長が謝罪「スッキリ」のアイヌ民族差別表現」 朝日新聞デジタル, 2021.3.18. 記事,
　　　https://www.asahi.com/articles/ASP3L6QC0P3LUCVL01B.html(검
　　　색일: 2023.4.3.)

| 참고문헌 |

조아라(2008)「일본의 아이누 문화정책과 소수민족 정체성의 사회적 구성」『문화역사지리』20-3, pp. 5-6.

최은희(2018)『표상의 정치학 : 일본 텔레비전 다큐멘터리와 아이누의 표상』, 소명출판, pp. 81-124. p. 266.

小内純了(2013)「アイヌの先住民族メディアの現段階」『「調査と社会理論」研究報告書 30』, pp. 68-77.

_____(2015)「アイヌの人々のメディア環境とアイヌ語学習」『「調査と社会理論」研究報告書33』, pp.125-140.

太田好信(1993.3)「文化の客体化--観光をとおした文化とアイデンティティの創造」『民族學研究』57-4, pp.383-410.

崔泰和(2009)「為永春水と松亭金水—人情本の「不易体」と「流行体」について—」『国語と国文学』86-10, 明治書院, pp.45-58.

제4장

# 근대 일본 사회의 '장해자' 인식에 관한 고찰
## 메이지 시대의 장해자 교육를 중심으로

이 권 희

## 1. 머리말

　본고는 근대 일본사회의 '서벌턴(Subaltern)'으로서의 '장해자(障害者)에 대한 인식과 차별, 그리고 메이지 신정부가 추진했던 근대 국민국가 형성과정에서 장해자는 어떻게 '국민'의 자격을 박탈당하고 사회로부터 격리·배제되어 갔는지, 메이지 시대의 장해자 교육을 중심으로 근대 일본사회의 장해자에 대한 인식과 차별의 방법을 고찰하는 데 목적이 있다.[1] 구체적으로는 장해자를 대상으로

---

1　한국에서는 장애(障礙), 장애인(障礙人)라는 용어를 쓰고, 일본에서는 장해(障害), 장해자(障害者)라는 용어를 사용하고 있다. 용어에 대한 정의는 졸고 「전근

하는 교육제도의 분석을 통해 메이지 신정부가 지향했던 근대 국민국가의 '국민'과 장해자의 문제를 고찰해 보고자 한다.

일본학을 전공하는 연구자들에게 서벌턴이란 용어는 그다지 익숙하지 않다. 서벌턴이란 원래 영국의 군대에서 대위 이하의 하급 사관 혹은 낮은 서열에 있는 자를 가리키는 말이었는데, 이것을 군대와는 무관하게 주로 제3세계 국가의 하층민을 가리키는 이론적, 전략적 개념으로 만든 이가 안토니오 그람시였다. 그리고 이것을 받아 포스트식민주의를 분석하는 이론의 하나로 연구를 시작했던 것이 1980년대 초 인도의 역사학자 라나지트 구하(Ranajit Guha)를 비롯한 일군의 역사학자들이었다. 이들은 기존의 식민주의적, 민족주의적인 관점에서 다루어왔던 인도의 역사 해석을 비판하고, 그동안 역사의 주체가 되지 못했던 인도 인민의 입장을 부각하기 위한 목적으로 이들을 '서벌턴'이라 지칭했던 것이다.

그러던 것이 오늘날에는 분과적, 지역적 경계를 넘어 역사학·인류학·사회학·인문지리학·문학 등의 여러 학문 영역의 대상으로서 종속적·주연화(周緣化)된 사회집단, 또는 하층계급 등, 행위의 주체자로서 사회적 지위를 얻지 못하고 있는 집단 및 계층을 가리키는 용어가 되었다. 그런 의미에서 문화적(culturally), 종족적(ethnically), 또는 인종적(racially)으로 구별되는 집단으로 지배집단과 공존하면서

---

대 일본사회의 '장해자' 인식에 관한 고찰 – '장해자'의 표상과 '극복' '승화'를 중심으로 – 」『日本研究』제92호(한국외국어대학교 일본연구소, 2022)에서 자세히 다루고 있으므로 참고 바람. 본고에서는 일본의 경우를 분석과 고찰의 대상으로 삼고 있는 바 일본의 용어 규정에 따라 장해(障害), 장해자(障害者)라는 용어를 사용함을 미리 밝혀둔다.

도 종속된 집단을 가리키는 '마이너리티(Minority)'와 구별된다.

일본사회의 서벌턴을 사회적·정치적·문화적으로 소외된 사람들, 지배집단에 예속되어 있는 종속계급, 하위주체라고 정의할 때 그 대상이 되는 집단과 계층은 부락민, 여성(매춘부), 장해자, 병자, 노인, 이재민, 원폭 피해자, 아이누, 오키나와인, 재일코리안, 일본군 위안부, 부랑인 등 아직도 일본사회에는 많은 서벌턴이 있다. 본고는 그중에서도 전근대, 근대를 불문하고 차별과 편견 속에서 공동체로부터 배제되는 존재였던 장해자에 주목한다. 비장해인 중심의 사회에서 장해를 가지고 태어나 그야말로 '말할 수 없는' 사회적 약자로 살아갈 수밖에 없었던 장해자에 대한 그릇된 인식, 차별과 배제, 그리고 동화와 포섭, 나아가 공존과 상생의 방법을 모색하기 위한 기초작업으로서의 의미를 갖는다.

종래 장해·장해자에 대한 연구는 대부분이 시대별 장해에 대한 인식과 장해 생성의 프로세스와 사회적 배경을 통시적으로 망라하며 장해인들의 삶의 형태에 주목하는 연구가 주류를 이루어왔다.[2] 이에 다양한 선행연구를 참조하면서도 장해자를 서벌턴으로 규정하고, 장해아 교육을 중심으로 '국민'으로서의 자격을 제한 또는 박탈당하고, 국민국가 내부에서 배제·격리·관리·통제를 당하

---

2  나마세 가쓰미(生瀬克己)와 야마시타 마이(山下麻衣)연구가 대표적으로, 나마세는 다양한 선행연구를 망라하며 전근대와 현대에 이르기까지 무엇이 장해인지, 장해에 대한 인식과 역사적 장해생성의 프로세스와 사회적 배경, 시대별 장해자관을 통시적으로 망라하고 있으나 '말할 수 없는' 사회적 약자로서의 서벌턴으로서의 장해자에 인식은 찾아볼 수 없고, 공존과 상생이라는 서벌턴으로서의 장해자의 '주체화'에 대한 심각한 고민이 없다. 生瀬克己『障害者問題入門』(海防出版社, 1991), 山下麻衣『歴史のなかの障害者』(法政大学出版局, 2014)

는 대상이었을 뿐만 아니라 단종의 대상이 되기도 했던 장해자에 대한 인식을 교육제도사적 관점에서 분석하는 본 연구를 통해 근대 일본사회의 서벌턴으로서의 장해자 문제를 가시화할 수 있는 게기가 될 수 있기를 기대한다.

## 2. 전근대 시대의 장해자 교육

일본 역사상 장해자 교육은 중세 시대 맹인에게 헤이쿄쿠(平曲)를 전수하는 예능교육에서 시작한다고 보는 것이 일반적인 통설이다. 가마쿠라(鎌倉) 정권을 수립한 겐지(源氏)에 의해 멸망한 헤이지(平氏) 일족의 화려한 흥망성쇠를 장려한 문학 작품으로 정리한 것이 『헤이케모노가타리(平家物語)』이다. 원래 이 이야기는 읽히기보다는 헤이쿄쿠라 하여 비파를 반주로 곡절(리듬)을 붙여 이야기를 들려주는 형식으로, 중세 시대에는 일반 서민들에게까지 널리 사랑을 받는 일종의 예능이었다. 그 이야기꾼들이 바로 맹인인 비파법사들이었다.

그러나 이보다 조금 앞서 헤이안 시대의 사네야스(人康) 친왕(831~872)이 눈이 불편한 사람들에게 비파 연주를 가르쳐 주었다는 것에서부터 장해자 교육이 시작되었다고 보기도 한다. 닌묘(仁明) 천황의 네 번째 황자로 태어난 사네야스 친왕은 어려서부터 병약하고 시력이 점점 약해져 시가(詩歌)와 비파와 같은 관현악기 연주에 마음을 의지하며 살아가다 859년 출가하는데, 출가 무렵에는 거의 앞을 보지 못했다고 한다. 친왕은 『이세모노가타리(伊勢物語)』에 등장하는 시나노(山科)의 선사(禪師)라 알려져 있고,[3] 헤이안 시대의 가인이자 비파의 명인으로 유명한 맹인 세미마루(蟬丸)가 사네야스 친왕이 아닐까 하는 설도 있다.[4]

하지만 세미마루의 출자에 대해서는 여러 설이 존재하고, 세미마루의 실존을 증명할 수 있는 사료나 확실한 기록이 없어 세미마루는 단지 전승으로 전해져오는 인물로 세미마루를 사네야스 친왕이라 비정(比定)하기에는 무리가 있다. 『곤자쿠모노가타리슈(今昔物語集)』에는 비파의 명인이었던 우다(宇多) 천황의 황자 아쓰미(敦実) 친왕의 하인(雑色)이었던 세미마루가 맹인이 되어 오사카야마(逢坂山)에 살고 있었는데 그가 살던 곳에 미나모토노 히로마사(源博雅)가 3년 동안 다니면서 비곡(秘曲)을 전수 받았다는 이야기가 실려 있기도 하다.

어찌 되었든 출가한 야네야스 친왕은 자신과 같은 처지의 맹인들에게 비파 연주를 가르쳐 주었다고 하는데, 여기에서부터 중세 시대 이전에 이미 전문 예능교육이 시작되었다고 볼 수도 있을 것이다. 그리고 사네야스 친왕은 에도 시대에는 자토(座頭)・비파 법사

---

3 志茂田景樹(1989)「人康親王―琵琶法師の祖」『歴史読本』4月号, 新人物往来社.

4 兵藤裕巳(2009)『琵琶法師 <異界>を語る人びと』, 岩波新書, pp.104-108. 세미마루에 대해서는 『헤이케모노가타리(平家物語)』나 『곤자쿠모노가타리슈(今昔物語集)』와 같은 단편적인 사료밖에 남아 있지 않다. 『今昔物語集』24巻 第23 설화에서 세미마루는 우다(宇多) 천황의 여덟 번째 황자인 아쓰미(敦実) 친왕의 조시키(雑色, 잡일을 히는 하인)로 출신이 비천한 자(賤シキ者)라 기록되어 있다. 헤이안 시대 세미마루 전승에 대해서는 김영주(2020)「세미마루 전승 고찰: 장애에 대한 사회의식을 중심으로」(『비교문학』 제82집, pp.115-139)에서 자세히 다루고 있음으로 참고 바람.

등의 조상으로 모셔졌으며 매년 검교(檢校) 자리에 있는 비파법사가 모여 비파를 연주하여 친왕의 넋을 위로하였다고 한다. 물론 예능 교육이라고 해도 근세 시대 이전의 교육은 일반적으로 비전사상(秘傳思想)을 바탕으로 사택에 교장(敎場)을 만들어 학문이나 예능을 전문적으로 교습하는 것이 보통이었다. 사제 간의 긴밀한 인간관계를 바탕으로 특정한 학파나 유파(流派)의 심오한 학문과 예능을 전수하는 것을 목적으로 하는 것이었다. 그러던 것이 에도 시대에 들어서면 시대의 추이와 함께 데라코야(寺子屋)나 번교, 향교와 사숙(私塾) 같은 공개적 교육기관으로 변모해갔다는 교육사적 경위로 볼 때 중세 시대를 포함해 그 이전의 학문과 예능 교습이 체계적으로 이루어졌다고는 보기 어렵다.

한편, 에도 시대에는 안마 · 침, 뜸 등 의학적인 면에서 맹인의 직업교육이 보급되어 갔다. 스기야마 와이치(杉山和一) 겐교는 맹인이 침을 놓기 쉽게 침을 관을 통해서 놓는 '구다바리(管鍼)'라 불리는 시술법인 관침법(管鍼法)을 창시했으며, 침의(鍼医)로 모셨던 에도 막부 5대 장군 도쿠가와 쓰네요시(德川綱吉)의 지원을 받아 1693년 침과 안마 기술 습득 교육을 주안으로 하는 세계 최초의 시각장해자 교육시설인 '스기야마류침치도인게이코조(杉山流鍼治導引稽古所)'를 개설했다.[5]

---

5  강습 기간과 내용은 다음과 같다. 초기교육(~18세 정도까지)안마 · 침각 3년 (계 6년) 간 기초교육. 스기야마(杉山) 3부서(三部書, 療治之大概集 · 選鍼三要集 · 医学節要集)를 교과서로. 중기 교육(~28세 정도) 당시의 관침법(管鍼法)을 놓을 수 있을 정도까지 교육. 후기 교육(~32세 정도) 스기야마류 침학(鍼学)을 타인에게 전수할 수 있을 정도까지 교육. 최종 교육(~50세 정도) 스기야마신덴

헤이쿄쿠를 중심으로 하는 예능과 침술 등의 의술을 중심으로 하는 전근대 시대의 맹인 교육은 근대에 들어 맹학교 교육으로 이어졌고, 에도 시대에 이미 모습을 갖춘 직업교육 형태는 근대 이후 장해자들을 대상으로 하는 직업교육 체제에 많은 영향을 미쳤다.

## 3. 메이지 시대의 장해자 교육

일본의 근대교육은 1872년 '학제(學制)'의 반포와 함께 시작되었다. 학제는 국가교육의 핵심을 이루는 학교 교육에 관한 제도로서 네덜란드의 학제를 비롯하여 프랑스의 학구제(學區制)와 독일의 독학제(督學制) 등 당시 선진 제국의 학제를 모방·수용하여 교육을 정부의 통제하에 놓는 일본 최초의 체계적 교육법제(敎育法制)라 할 수 있다.[6] 전 국민을 대상으로 하는 보통교육의 실시는 문명개화와 근대화를 통한 근대사회로의 이행과 근대 국민국가의 성원으로서의 '국민' 의식의 고취, 그리고 부국강병과 식산흥업이라는 국가적 아젠더를 성공시키기 위한 인재 양성을 위한 최적의 기재로써 인식되었다. 이 학제 안에 장해아 교육에 관한 규정이 보인다. 중학의

---

류비전(杉山真伝流秘伝) 1권을 전수. 杉山検校遺徳顕彰会 홈페이지, http://www13.plala.or.jp/sugiyamakengyou/kousyuujyo.html(검색일: 2022. 10.25.)

6　학제의 제정 과정, 학제의 교육이념. 학제의 내용 등은 졸저『근대 일본의 국민국가 형성과 교육』(케포이북스, 2013),『국가와 교육－메이지 국민교육사』(케포이북스, 2017)에서 자세히 다루고 있으므로 참조 바람.

종류에 대해서 언급을 하면서 "그 밖에 폐인학교가 있어야 할 것(其外廢人校アルヘシ)"라며 장해아 교육에 대해서 처음으로 규정을 하고 그 설립의 필요성을 주장하고 있다.[7] 그러나 학제 시행 단계에서 바로 실시에 이르지는 못했다.

그런데 여기서 주목해야 할 것은 장해아 교육을 위한 학교를 '폐인학교(廢人學校)'라 명명하고 있다는 것이다. '폐인(廃人)'은 일반적으로 병이나 장해 등 다양한 사정으로 인해 보통의 인간생활을 영위할 수 없는 자를 가리키는 말로 차별어이자 멸칭이다. 장해자를 '폐인'이라 부르기 시작한 건『일본국어대사전(日本國語大辭典)』의 용례를 보면 1825년이 초출이다.[8] 1872년 단계에서 장해자라는 용어와 인식이 아직 정립되어 있지 않았다고는 해도 정부에서 반포하고 발행한 공문서에 장해를 가진 사람들을 '폐인'이라는 멸칭어로 표기하고 있는 것을 볼 때 장해자에 대한 뿌리 깊은 차별의식이 있었음을 엿볼 수 있다. 학제에서 장해아를 위한 학교를 설립해야 한다는 필요성은 아마도 학제 반포 당시 참고한 서양의 교육제도에 대한 번안적 발상이 아니었을까 추측해본다. 그도 그럴 것이 학제

---

7　第二十九章 中学ハ小学ヲ経タル生徒ニ普通ノ学科ヲ教ル所ナリ分チ上下二等トス二等ノ外工業学校商業学校通弁学校農業学校諸民学校アリ此外廃人学校アルヘシ(学制(明治五年八月三日文部省布達第十三・十四号・明治六年三月十八日文部省布達第三十号・明治六年四月十七日文部省布達代五十一号・明治六年四月二十八日文部省布達第五十七号)学制百年史編集委員会『学制百年史 資料編』, (https://www.mext.go.jp/b_menu/hakusho/html/others/detail/1317943.htm 검색일: 2022.10.25.)

8　財政經濟史料 九, 戶口・武家・文政八年(1825) 四月九日「男子はハ虚弱に付廃人に相成、姉へ婿養子いたし候」,『日本國語大辭典』, 小學館, 1972. 우리가 특정 용어를 조사할 때『日本國語大辭典』을 활용하는 이유는 일본에서 그 용어의 사용 초출 용례를 알 수 있기 때문이다.

는 당시 일본 현실사회의 내적 요구(Social needs)에 의해 만들어졌다
기보다는 번역적 교육이념(Social idea)으로써 고찰된 것에 지나지 않
았기 때문이다.[9]

실제로 일본에서 장해아를 상대로 특수교육이 처음 시작된 것은
일본 근대 맹아(盲啞), 또는 맹농(盲聾) 교육의 창시자라 불리는 후루
카와 다시로(古河太四郎)가 1878년에 '교토맹아원(京都盲啞院)'을 설립
한 이후이다. 교토맹아원은 반구미소학교(番組小学校)의 하나인 다이
켄소학교(待賢小学校)의 교유(教諭)였던 후루카와가 학교 내에 음아(瘖
瘂) 교실을 만들어 장해아 3명을 가르치기 시작한 것이 계기가 되었
다.[10] 1878년 5월 24일 교토부의 지원에 의해 임시 맹아원이 개교
를 하였고, 1879년부터 '교토맹아원'이라는 시설명이 정착하게 되
었다. 교육 내용의 특징은 일반 소학교와 마찬가지로 수신(修身)과
습자(習字)는 물론이고, 졸업 후의 생활 방편을 위해 직공교육(職工教
育)이 이루어졌다.

이보다 조금 앞선 1875년 나카무라 마사나오(中村正直)·후루카와
마사오(古川正雄) 등이 맹인학교를 설립하기 위해 '라쿠젠카이(楽善
会)'를 조직했고, 이듬해인 1876년 '라쿠젠카이훈맹원(楽善会訓盲院)'
의 설립 허가를 얻어 1879년 도쿄 쓰키지(築地)에 교사를 건립, 1880년

---

9  唐沢富太郎 外(1961)『日本教育史』教育学テキスト講座 第3巻, 御茶の水書房, p.171.
10  에도 시대 교토에는 '마치구미(町組)'라고 하는 주민 자치의 조직이 있었는데
메이지유신 전후로 마치구미는 '상경(上京), 하경(下京)~반구미(番組)'라는 조
직으로 재편되었다. 1869년에는 27개 정도의 마을을 하나의 반구미로 상경에
33의 반구미, 하경에 32개의 반구미, 합계 65개로 재편되었고 하나의 반구미에
자치회 기능을 겸비한 소학교를 설치했다.

수업을 개시했다. 1884년부터는 맹인뿐만 아니라 농아인(聾唖人)도 받아들이게 되어 명칭을 '훈맹아원(訓盲啞院)'으로 개칭하였다. 1886년에는 학교 관리가 낙선회에서 문부성으로 이관되어 관립학교가 되었고, 1888년 '도쿄맹아학교(東京盲啞學校)'로 개칭되었다. 1909년 맹아의 분리가 이뤄지면서 '도쿄맹학교(東京盲學校)'가 설립되었고, 도쿄맹아학교는 1910년 '도쿄농아학교(東京聾啞學校)'로 개칭되었다.

1891년에는 크리스찬이었던 이시이 료이치(石井亮一)가 기후(岐阜)와 아이치(愛知) 지방을 강타한 미노지진(濃尾地震)으로 고아가 된 20여 명의 소녀들을 위해 도쿄에 '고죠학원(孤女學園)'을 설립하였다. 고아뿐만 아니라 가정형편이 어려운 여자아이들에게 보통교육의 실시를 통해 자립시키는 것을 목적으로 하는 여학교였다. 고아 중에 지적장해(知的障害)가 있는 아이가 있었기 때문에 이시이는 지적장해아 교육에 관심을 갖게 되었다. 1897년 '다키노가와학원(滝乃川学園)'이라 개칭해 '특수교육부'를 개설하여 지적장해아를 대상으로 하는 교육을 실시함으로써 일본 최초의 지적장해자를 위한 전문시설이 된다.

당시 일본사회에서 중도의 지적장해를 가진 아이들은 차별과 편견의 대상이 되었고, 지적장해를 갖고 태어나면 이를 부끄럽게 생각해서 숨기거나 육아를 포기하는 경우도 많았다. 물론 장해아를 복을 불러오는 존재로, 또는 부를 가져다 주는 수호신과 같은 존재라 여겨 장해를 가진 아이가 태어나면 그 아이를 '후쿠고(福子)' '다카라고(宝子)' '후쿠스케(福助)' '후쿠무시(福虫)'라고 부르며 그 아이가 평생 곤란하지 않게끔 가족 전체가 마음을 합쳐 열심히 일을 한

결과 그 집은 번창하게 된다는 복자(福子) 전승이라는 것이 존재하기는 했으나 일본사회의 장해자는 시대와 지역을 막론하고 차별과 편견 속에서 공동체로부터 배제되는 사회적 약자였으며, 버려지거나 격리되는 존재였다.[11] 심지어 '마비키(間引き)'라는 풍속에 따라 장해를 가지고 태어난 갓난아기가 산파(産婆)에 의해 죽임을 당하는 경우도 허다했다.[12] 다음 장에서 자세히 다루겠으나 근대 일본사회의 장해자 인식 또한 전근대 시대의 그것과 크게 다르지 않다. 장해를 가진 자식을 죽이거나 모자가 함께 목숨을 끊는 사건도 있었다. 특히 장해아가 지진 등의 재해로 고아가 되면 부랑자나 거지가 되어 구걸을 하며 연명하는 경우도 있었다.

다키노가와학원은 아이들이 장래 사회의 일원으로서 자립 생활을 해 나가기 위한 힘을 기르는 교육에 전념했다. 1900년의 제3차 개정 소학교령은 지적장해를 가진 아동의 취학 의무를 면제했는데, 이는 오히려 지적장해아들이 학교 교육으로부터 버림을 받게 되는 결과로 이어졌다. 이런 가운데 다키노가와학원은 지적장해아들을 위한 특수교육을 실시함으로써 지적장해아들 또한 근대 일본 사회의 일원으로 일반인들과 공생할 수 있는 희망을 갖게 했다.

일반 공교육의 장에서도 특별학급이 일부 존재했다. 1891년 나

---

11 이점에 대해서는 전게 졸고에서 자세히 다루고 있으므로 참고 바람.

12 장해아가 태어나면 산파의 손으로 '마비키(間引き)'를 해 살해하고 산모에게는 사산(死産)이었다고 거짓말을 했다고 한다. '마비키'는 아이가 태어났을 때 가난이나 그 밖의 이유로 아이를 키우기 어려울 때 갓난아이를 죽이는 행위를 말한다. 나라 시대부터 있었던 습속이라고 한다. 『百科事典マイペディア』, https://kotobank.jp/word/%E9%96%93%E5%BC%95%E3%81%8D-635570 (검색일: 2022.11.1)

가노현(長野縣)에서는 마쓰모토시(松本市)의 심상소학교에 특수학급을 만들었다. 그리고 1900년대에 들어서면 장해아를 대상으로 하는 특수학급의 설치가 전국적으로 확대되었다. 그러나 그 대상은 비교적 장해가 가볍고, 교육 성과가 전망되는 아이들이었고, 교육 방법 또한 장해가 없는 아이들이 배우는 내용을 정도를 낮춰 가르치는 것에 지나지 않은 것으로 이시이가 실시한 것과 같은 지적장해에 특화된 교육 방법을 연구 실천하는 것과는 차원이 다른 것이었다. 지적 장해아의 특성에 맞춘 전문교육은 다키노가와학원과 같은 민간 시설이 담당했다.

1872년 메이지 신정부는 유아부터 노인까지 다양한 사정으로 생활을 유지할 수 없게 된 생활 곤궁자들을 보호하고 교육과 의료를 제공할 목적으로 '양육원(養育院)'을 만들었다. 일종의 구휼(救恤) 시설이었다. 그 후 경영은 1876년에는 도쿄부영(東京府營)으로, 1890년에는 도쿄시영(東京市營)으로, 1943년에는 도쿄도영(東京都營)로 바뀌었고, 사업내용도 행로병자, 미아, 유기자, 형기 중의 병자 등 다양한 종류의 대상자의 일괄 수용에서 점차 시설의 전문화가 이루어지게 되었다. 초대 원장은 시부사와 에이이치(渋沢栄一)로 1876년 양육원의 운영 대표자인 양육원 사무장에 취임, 그리고 1879년에 양육원 초대 원장이 되었다. 시부사와는 그 후 1931년에 사망할 때까지 약 50년간 양육원 원장을 맡았다.

1909년에는 지바현(千葉縣) 후나가타초(船形町)에 양육원의 아와(安房) 분원이 설립되었다. 일본 최초의 '병약교육(病弱敎育)'을 위한 시설로 병약·허약한 아동의 전지요양(轉地療養)을 위한 시설이었다.

'병약'은 문부과학성의 정의에 의하면 병 때문에 심신이 약해져 있는 상태가 지속되는 경우를 말하는데,[13] 만성질환 등에 따라 장기간에 걸친 의료와 생활 규제를 필요로 하는 상태를 말한다.

## 4. 근대 국민국가의 '국민'과 장해자

정치사적인 관점에서 봤을 때 도쿠가와 막부 체제의 붕괴와 메이지 신정부의 등장은 신분제적 절대주의 국가 체제를 부정하고 '국민'이 주권을 갖는 근대 국민국가(nation state)의 탄생이라는 획기적 사건이었다. 국민국가는 원칙적으로 의회정치를 근본으로 하여 법치주의라는 통치 이념하에서 인간의 자유와 평등 그리고 인권을 최우선 가치로 여긴다. 하나의 '국민(nation)'이 거주하는 나라(state)로서, '네이션(nation)'을 '민족'이라는 개념으로 본다면 혈통・역사・종교・문화 등의 정체성을 공유하는 사람들로 구성되는 '민족국가'라고도 할 수 있다. 메이지 초기 일본은 수많은 번을 일본이라는 통일된 공동체로 통합하고, 봉건적 신분제 사회 속 '다미(民)'를 주권을 지닌 평등한 국가구성원으로서의 '국민(國民)'으로 만들어가는 데 주력했다. 이 장에서는 근대 국민국가 일본의 구성원에 걸맞은 '국민 만들기' 과정 속에서 장해자는 어떠한 취급을 받았는지에

---

13 문부과학성 홈페이지 교육 > 특별지원교육 > 특별지원교육에 대해서 > 4.장해에 배려한 교육 > (5)병약・신체허약,
   https://www.mext.go.jp/a_menu/shotou/tokubetu/mext_00805.html(검색일: 2022.10.25.)

대해서 지적장해자를 중심으로 고찰해 보고자 한다.

　장해·장해자라고 해도 그 종류가 다양하다. 1970년 제정된 법률 제84호 '장해자 기본법'에서는 장해자를 "신체장해, 지적장해, 정신장해(발달장해를 포함) 및 기타 심신 기능의 장해(이하 '장해(障害)'라고 총칭한다)가 있는 자로, 장해 및 사회적 장벽에 의해 계속적으로 일상생활 또는 사회생활에 상당한 제한을 받는 상태에 있는 자를 말한다."라고 정의하고 있다. 그리고 현재는 장해자와 관련한 법 정비가 이루어져 '장해자기본법'에 의한 분류에 속하지 않더라도 장해자로 인정하는 경우도 있다.[14]

　메이지 시대나 1900년대 초반, 길게 보면 1945년 아시아태평양전쟁 종전까지의 장해·장해인에 대한 인식과 범주는 현재의 그것과 크게 다르지 않았다. 다른 점이 있다면 장해·장해자에 관한 법률의 개정에 따른 용어의 변경이라든지, 한센병(나병)이나 결핵 환자들 같은 질병이나 전염병에 걸린 사람들이 큰 비중을 차지하고 있었다는 점 등일 것이다.

　예를 들어 1999년 4월 1일부터 '정신박약(精神薄弱) 용어의 정리를 위한 관계 법률의 일부를 개정하는 법률'(법률 제110호)에 따라 '정신박약'이란 용어는 '지적장해(知的障害)'로 변경되었다. 이로써 '정신

---

14　예를 들어 '신체장해자복지법', '정신보건 및 정신장해자복지에 관한 법률', '지적장해자복지법', '아동복지법', '장해자의 일상생활 및 사회생활을 종합적으로 지원하기 위한 법률', '발달장해자지원법', '장해자학대의 방지, 장해자의 양호자에 대한 지원 등에 관한 법률', '장해를 이유로 하는 차별의 해소 추진에 관한 법률', '고령자장해자 등의 이동 등의 원활화의 촉진에 관한 법률', '장해자에 의한 문화예술활동의 추진에 관한 법률' 등.

박약'은 형식상이나 표현상으로는 '신체장해(身體障害)'와 마찬가지로 '장해'라는 범주 속으로 통합되었다. 또한 법 개정의 과정 속에서 발달기(대략 18세까지)에 일어나는 지적장해 뿐만 아니라 발달기를 지난 후의 두부 손상, 뇌혈관질환, 노화, 알츠하이머병, 치매 등에 의한 지적장해 등, 선천적이냐 후천적이냐를 불문하고 지적장해의 범주가 세분화되고 그 대상이 확대되었다. 이는 장해라는 개념이 고정적이고 절대적인 것이 아니라 역사문화와 사회환경과의 상대적인 관계 규정성에 의해 형성된다는 측면이 강하다는 것을 의미한다.[15]

전근대 시대까지 지적장해는 '치(痴)'라는 용어로 포섭되었고, 지적장해자는 보호해야 할 약자로 촌락공동체의 상호부조의 대상이 되어 배제됨 없이 생활한 케이스도 있었다는 것은 전술한 복자전승을 통해 알 수가 있다.[16] 복자전승은 장해아가 가족의 불행을 모두 짊어지고 태어났기 때문에 소중히 키워야 한다는 생각과, 불교의 윤회사상을 바탕으로 하여 장해아는 조상의 환생이라는 생각이 저변에 깔려 있다.[17] 그리고 이것은 장해를 가지고 태어난 아이들을 경원시하지 않고 촌락공동체 안에서 복을 가져다주는 존재라 여겨져 마을 사람들의 따뜻한 보살핌 속에서 자랄 수 있게 만든 사회적 장치였다. 이와 같은 장치를 통해 장해자는 흉하고 보기 싫어

---

15 高橋智(2001)「近代国民の形成と知的障害言説」,『東京学芸大学紀要 1部門』, p.333.
16 복자전승에 대해서는 大野智也・芝正夫『福子の伝承―民俗学と地域福祉の接点から―』(堺屋図書, 1983)에서 자세히 다루고 있음으로 참고 바람.
17 生瀬克己(1997)「障害者の自立と生活保障 福祉と障害」, 山本博文編,『江戸の危機管理』, 新人物往来社, p.174.

경원시하는 사회적 약자가 아니라 정상인보다도 더 존귀한 수호신적 존재가 된다.[18]

그러던 것이 근대 국민국가 형성과정에서 지적장해자는 국민국가의 구성원, 즉 '국민'이라면 당연히 가져야 하는 '의무와 권리'라는 자격을 갖지 못한 '결격(缺格)'의 대상으로 제도화되고, 다양한 인권침해, 우생학적 처분, 비권리적 열등 처우 등 국민국가로부터 배제되고 국민으로부터 분리되어 '2급 국민' 이하의 가혹한 취급을 받았다.[19] 즉, 이들은 '국민'이 아닌 '장해자'였던 것이다. 여기에는 장해자를 짐승과 같이 생각하는 뿌리 깊은 차별적 장해자관이 있다. 비록 전 시대 일부 지역에서는 복을 불러오는 '복자' 취급을 받기도 했으나 시대와 지역을 불문하고 부정(不淨)한 존재로서 배제와 차별을 넘어 인간 이하의 취급을 받아왔음은 부정할 수 없는 사실이다.[20]

장해자에 대한 차별은 메이지 신정부의 교육 정책에도 그대로 드러나 있다. 전술한 바와 같이 메이지 신정부는 1872년 학제의 시행을 통해 전 국민을 대상으로 하는 국민교육을 실시했다. 학제에서는 학령기의 아동은 누구도 예외 없이 취학의 의무를 부가하고 있으나 장해자는 취학유예 또는 면제의 대상이 되었다. 1886년 이토 히로부미 내각의 초대 문부대신 모리 아리노리(森有禮)에 의한 제1차 '소학교령'에 취학유예 규정이 마련되었고, 유예의 이유로 질

---

18  전게 졸고 참고 바람.
19  高橋智, 前揭 論文, p.333.
20  河野勝行(1985)『古代・中世社会の障害者観』, 川島書店, pp.141-146.

병이나 빈곤 등이 제시되었다.[21] 1890년 제2차 '소학교령'에는 빈곤하거나 질병에 걸린, 그리고 어쩔 수 없는 사고를 당한 아동에 대한 취학유예 규정이 만들어졌다. 게다가 전염병 혹은 혐오스러운 질병에 걸린 아동 또는 집안에 전염병자가 있는 아동은 학교 출석이 금지되었다. [22] 그리고 1900년의 제3차 '소학교령'에서는 취학유예 대상에 '병약 또는 발육부전', 그리고 빈곤아동이, 취학 면제 아동으로는 '간질(癲癎), 백치(白痴), 불구폐질(不具廢疾)'이 명시되었다. 그 후 1941년의 '국민학교령'에서는 취학유예나 면제 대상에서 빈곤아동이 삭제되고 장해아만 남게 되었다. 이렇듯 근대 교육제도의 확립기에 장해아는 교육의 대상에서 제외되었고, 장해아를 장해가 없는 아이들과 분리하는 별학 체제가 성립했다.

학제의 시행과 더불어 시작된 일본의 근대 국민교육은 모든 학령기 아동의 취학을 의무화하고는 있었지만 실제로 학부형들은 아이들이 학교에 보내는 것을 당연하게 생각하지 않았다. 서구의 교육제도를 모방하여 만들어진 학제는 여러 가지 면에서 당시 일본의 현실과는 맞지 않았다. 무엇보다도 교육내용이 너무 서양적이었다. 여기에 농민의 토지를 헐값에 수용하여 비용도 민중이 직접 부담하는 방식으로 학교를 만들었다. 취학을 강제하면서도 학비는

---

21  第五条  疾病家計困窮其他止ムヲ得サル事故ニ由リ児童ヲ就学セシムルコト能ハスト認定スルモノニハ府知事県令其期限ヲ定メテ就学猶予ヲ許スコトヲ得
22  第三章  就学第二十一条  貧窮ノ為又ハ児童ノ疾病ノ為其他已ムヲ得サル事故ノ為学齢児童ヲ就学セシムルコト能ハサルトキハ学齢児童ヲ保護スヘキ者ハ就学ノ猶予又ハ免除ヲ市町村長ニ申立ツヘシ 第二十三条  伝染病若クハ厭悪スヘキ疾病ニ罹ル児童又ハ一家中ニ伝染病者アル児童又ハ不良ノ行為アル児童又ハ課業ニ堪ヘサル児童等ハ小学校ニ出席スルコトヲ許サス

수급자가 부담하게 한 것이 거센 반발을 일으켰다. 이러한 불만은 점차로 농민소동이 되어 각지에서 소학교 폐지를 주장하는 폭동이 일어났고, 학교가 부서지거나 불에 타는 등의 극단적인 사태가 벌어졌다. 결과적으로 1877년을 전후로 하여 전국의 평균 취학률은 30%에도 미치지 못했고, 취학자의 약 80%는 1년을 채우지 못하고 학교를 그만두는 사태가 벌어졌다.

교육을 통한 근대 국민국가 만들기에 박차를 가하고 있던 메이지 정부는 학제의 개정을 통해 아이들의 취학을 유도했다. 학교는 꼭 가야만 하는 것이라는 새로운 가치관을 창조하는 과정에서 안타깝게도 장해아들에게는 학교에 가지 않아도 된다는 유예 규정을 두었다. 장해아들을 학교 교육에서 배제한 것이다. 게다가 전장에서 살펴본 것과 같이 메이지 시대의 장해아 교육은 공교육이 아닌 독지가들의 자선 사업으로 이루어졌다. 이것이 장해아와 그렇지 않은 아이들을 분리하는 별학(別學) 체제를 낳는 계기가 되었다. 장해아와 그렇지 않은 아이들을 분리하는 것이 좋은지 같은 공간에서 교육하는 것이 좋은 지는 별개의 차원에서 논의되어야 할 문제이며 분리하는 편이 교육의 효과 면에서 더욱 효율적이라 인식되고 있지만 맹아와 농아에 대한 전문교육이 발전함에 따라 통상의 학교에서 장해아는 완전 분리되었다. 분리가 곧 배제를 의미하는 것은 아니겠으나 이후 일본사회의 장해자는 사회로부터 격리되고 배제되는 존재가 되어 버린다.

1899년이 되면 1858년 서양 제국과 수교하며 체결한 불평등조약에 대한 개정이 이루어지고 새로운 조약이 발효되면서 외국인들에 대해서 거류지를 설정하지 않고 자유롭게 거주·여행·외출의 제한을 허락하는 '내지잡거(內地雜居)'가 허용되었다. 메이지 정부는 불평등조약의 개정을 위해, 또는 조약이 개정된 이후에 일본은 서구 제국에 일본이 국제법의 적용 대상으로 삼을 수 있는 문명국의 일원이라는 것을 인정받기 위해 이른바 '구화정책'이라 불리던 서구화정책을 추진한다. 1883년 문을 연 로쿠메이칸(鹿鳴館)에서 벌어진 각종 연회와 외교, 1889년의 헌법 제정 등은 구화정책의 일환이었으며, 이런 일련의 흐름 속에서 정신장해, 결핵, 한센병 등에 대한 법령이 만들어지면서 많은 장해자들이 사회로부터 격리되었다.

1900년 '정신병자감호법(精神病者監護法)'이 공포되었다. '감호(監護)'라는 말에서 알 수 있듯이 '정신병자감호법'은 정신장해인의 치료와 보호를 위한 규정은 거의 없고 자택에 '사택감치실'을 만들어 배우자·친권자 등의 친족이 감호의무자로서 정신장해인을 감금·감시하도록 하는 법이었다. 이것은 부현 차원에서 실시하고 있던 정신장해인에 대한 사택 감금을 전국에 일률적으로 적용하는 법령이었다.[23] 정신장해인은 보건의 대상이 아니라 감금해야 하는 대상으로 인식되었던 것이다. 일찍이 1874년 3월 '광병자(狂病者) 엄중 감호의 포달(「狂病者」嚴重監護の布達)'이 발령된 적이 있다. 정신장해자를 격리시키고자 하는 최초의 포달이었다.[24]

1919년에는 '정신병원법'이 공포되었다. '정신병원법'은 정신장

---

23 橋本明(2011)『精神病者と私宅監置―近代日本精神医療史の基礎的研究』, 六花出版, pp.22-28.
24 포달 내용은 ひろたまさき 校注『差別の諸相』, 日本近代思想大系 22, 岩波書店, 1990, p.232에서 확인할 수 있다.

해인 등의 의료 및 보호를 실시하고, 그 사회복귀 촉진 및 그 자립과 사회경제활동 참가 촉진을 위해 필요한 원조를 실시하고, 그 발생 예방 및 그 밖에 국민의 정신적 건강 유지 및 증진에 노력함으로써 정신장해인 등의 복지 증진 및 국민의 정신보건 향상을 도모하는 것을 목적으로 한다고는 하나 발효 당시 정신병원은 치료를 위한 시설이라기보다는 보안시설(保安施設)로 활용되었다. 정신장해인은 사회의 위해를 끼치는 존재로 간주하고, 천황과 황족이 행차할 때는 거리의 환자를 구속하기도 했다.[25]

장해자에 대한 차별과 편견의 구조는 '우생학(優生學)'이라는 사회 사상을 근거로 접근할 수도 있다. 시대는 조금 내려오지만 1934년 2월 제65회 제국의회에서 입헌민정당 의원이 '민족우생보호법안(民族優生保護法案)'을 제출했다. 이는 독일 나치스정권의 유전성질환자손방지법 공포에 영향을 받은 것으로 일본에서 단종법 제정 논의가 본격화하는 계기가 되었다. 범죄자를 비롯해 유전성으로 여겨진 지적장해자, 정신장해자, 신체장해자, 각종 중독증 환자, 결핵과 한센병의 중증 환자가 단종의 대상이었다. 이들 질병과 장해자가 임신을 한 경우는 낙태를 시킨다고 명시하였다.

일본에서는 1880년 낙태죄를 만들어 산모의 생명이 위험한 경우 등 일부의 예외를 제외하고는 인공임신중절(人工妊娠中絶)을 금지하고 있었다. 2월 22일 열린 중의원 본회의에서 이 법안을 제출한 아라카와 고로(荒川五郎)는 이들 병자와 장애인의 존재가 '국가의 치

---

25 구로카와 미도리·후지노 유타카 저, 김영주 외 역(2022)『차별의 일본 근현대사-포섭과 배제의 사이에서』, 제이앤씨, p.77.

욕.'민족의 불행'이라 단정했다. 그리고 이 법안은 1940년 5월 '국민우생법' 공포(시행은 1941년 7월부터)의 모태가 되었다.[26] '국민우생법'은 1948년 '우생보호법(優生保護法)'이 성립되면서 폐지되었는데, 그때까지 단종 시술을 받은 사람은 총 538명에 이른다. '우생보호법'은 "우생상의 견지에서 불량한 자손의 출생을 방지한다."(제1조)는 것을 목적의 하나로 하여 1996년 '모체보호법'으로 개정될 때까지 많은 장해자들에게 불임수술이나 낙태 수술을 강요하는 근거가 되었다.[27]

이렇게 정신장해자, 지적장해자, 결핵, 한센병 환자 등에 대한 단종과 낙태가 합법이 되었다. 1955년 이 법에 의거한 단종 건수는 1년간에 4만 3,255건이었다. 그 가운데 임의 단종은 유전성 질환을 이

---

26 '국민우생법'은 의원입법으로 성립한 것이 아니라 후생성에서 작성한 법률이었다. 국민우생법은 임의 단종이 원칙이지만 강제 단종도 안정하고 있었다. 정신병원장이나 보건소장은 본인과 그 배우자의 동의가 없어도 대신 단종을 신청할 수 있었다. 국민우생법으로 단종 시술을 받은 사람은 1941년도 94명, 1942년도 189명, 1943년도 152명, 1944년도 18명, 1945년 1명, 1946년도 59명, 1947년도 25명이다. 구로카와 미도리·후지노 유타카 저, 김영주 외 역, 상게서, pp. 120-121.

27 優生保護法(1948/07/13法律第156号)第一章 総則(この法律の目的)第一条 この法律は、優生上の見地から不良な子孫の出生を防止するとともに、母性の生命健康を保護することを目的とする(定義)第二条 この法律で優生手術とは、生殖腺を除去することなしに、生殖を不能にする手術で命令をもつて定めるものをいう。(중략) 第二章 優生手術(医師の認定による優生手術)第三条 一 <u>本人若しくは配偶者が遺伝性精神病質、遺伝性身体疾患若しくは遺伝性奇型を有し、又は配偶者が精神病若しくは精神薄弱を有しているもの</u> 二 <u>本人又は配偶者の四親等以内の血族関係にある者が、遺伝性精神病、遺伝性精神薄弱、遺伝性精神病質、遺伝性身体疾患又は遺伝性畸形を有しているもの</u> 三 本人又は配偶者が、癩疾患に罹り、且つ子孫にこれが伝染する虞れのあるもの 四 妊娠又は分娩が、母体の生命に危険を及ぼす虞れのあるもの 五 現に数人の子を有し、且つ、分娩ごとに、母体の健康度を著しく低下する虞れのあるもの(以下省略) 밑줄은 필자.

유로 하는 것이 391건, 한센병을 이유로 하는 것이 129건이었다. 강제로 단종을 당한 경우는 유전성 질환을 이유로 한 840건이었다. 같은 해의 낙태 건수도 총수 117만 143건 중 유전성 질환을 이유로 하는 것이 1,492건, 한센병을 이유로 하는 것이 303건이었다.[28]

## 5. 맺음말

메이지유신 이후 정부의 최대 과제는 국가의 정체를 봉건적 절대주의를 타파하고 근대 국민국가를 건설하는 것이었다. 그리고 전 국민을 대상으로 하는 보통교육의 실시는 국민국가의 성원으로서의 '국민' 만들기를 위한 최고의 기재로 중시되었다. 그러나 정신장해자나 지적장해자는 '국민'이 될 수 없었다. 지적장해자는 전 국민을 대상으로 실시한다는 보통교육의 장에서 배제되었으며 1886년 소학교령에 의해 취학유예제도가 성립했다. 말이 좋아 유예지 취학을 거부당한 것이다.

1889년 대일본제국헌법이 발포됨에 따라 병역·납세의 의무와 더불어 취학의 의무는 국민의 3대 의무가 되었다. 1890년에는 3차 소학교령에 의해 소학교육에 대한 의무교육제도가 법제화되었고, 시정촌(市町村)에 심상소학교(尋常小學校)의 설치가 의무화됨과 동시에 빈곤과 질병, 그 밖의 어쩔 수 없는 경우로 인한 취학유예와 면제제

---

28 厚生省大臣官房統計情報部編(1994)『優生保護統計報告』1994年版.

도가 새롭게 만들어졌다. 이것은 1886년 소학교령의 취학유예 사유가 면제 사유로까지 확대된 것이었다.[29]

1900년에는 소학교령의 개정을 통해 질병(疾病)은 '병약 또는 발육불완전'과 '풍전(瘋癲), 백치(白癡) 또는 불구폐질(不具廢疾)'로 나뉘었고, 전자는 취학유예, 후자는 취학면제의 대상이 되었다.[30] 이 시점에서 메이지 정부는 지적장해자 등의 정신질환 장해아를 국민교육의 대상에서 배제하는 제도를 완성했다. 이는 같은 해 공포된 '정신병자감호법'과 무관하지 않을 것이다.

한센병환자, 지적장해자, 정신장해자는 우생정책의 대상으로 '국가의 치욕' '민족의 불행'이라 존재 자체를 부정당했다. 그러나 국가는 신체적 또는 정신적 결함을 이유로 차별받아온 이들을 전쟁에 동원했다. 장해자에 대한 국가의 '포섭'이다. 그중에는 나라에 도움이 되고 싶다는 생각에 자원입대를 한 장해자도 있었다. 이들은 전쟁에 참가함으로써 자신들도 평등한 '국민'이 될 수 있다는 환상을 갖게 되었다. 그러나 제대로 기능하지 못한다고 '밥벌레'라 비난을 당하고 존재조차 부정당했다.[31]

메이지 정부가 추진했던 근대 국민국가 형성과정에서 장해자는 '국민'의 자격을 박탈당하고 사회로부터 격리·배제되어 갔다. 메이지 정부의 지상 최대의 과제였던 식산흥업을 통한 부국강병, 개

---

29 高橋智, 前揭 論文, p.336.

30 '폐질'은 일반적으로는 맹인·농아인·지체 부자유자 등을 가리킨다.

31 NHK戰爭證言アーカイブ '障害者と戰爭',
  https://www.nhk.or.jp/archives/shogenarchives/special/shougai/02/(검색일: 2022.10.26.)

국 당시 선진 제국과 체결했던 불평등조약의 개정, 근대 국민국가에 걸맞은 제도의 정비, 서구화 과정을 통한 국민국가 만들기 과정에 아무런 도움도 되지 않고 오히려 해를 끼치는 존재였던 장해자는 '국민'으로서의 자격을 제한 또는 박탈당했다. 또한 장해자는 국민국가 내부에서 배제·격리·관리·통제를 당하는 대상이었을 뿐만 아니라 우생사상에 따라 단종의 대상이 되기도 했다.

본고에서는 근대 일본사회의 서벌턴으로서의 장해자에 대한 인식과 차별, 그리고 메이지 신정부가 추진했던 근대 국민국가 형성 과정에서 장해자는 어떻게 '국민'의 자격을 박탈당하고 사회로부터 격리·배제되어 갔는지, 메이지 시대의 장해자 교육을 중심으로 근대 일본사회의 장해자에 대한 인식과 차별의 방법을 고찰해 보았다. 그 대상을 메이지 시대에 한정하고 나열식 서술에 치우쳐 다루고 있는 장해에 대한 보다 면밀한 분석이 부족했으나 이는 앞으로의 연구로 보완해 나가도록 하겠다.

| 참고문헌 |

唐沢富太郎 外(1961)『日本教育史』教育学テキスト講座 第3巻, 御茶の水書房.

大野智也・芝正夫(1983)『福子の伝承―民俗学と地域福祉の接点から―』, 堺屋図書.

河野勝行(1985)『古代・中世社会の障害者観』, 川島書店.

志茂田景樹(1989)「人康親王―琵琶法師の祖」, 『歴史読本』4月号, 新人物往来社.

ひろたまさき 校注(1990)『差別の諸相』日本近代思想大系 22, 岩波書店.

生瀬克己(1991)『障害者問題入門』, 海防出版社.

_____(1997)「障害者の自立と生活保障 福祉と障害」, 山本博文編, 『江戸の危機管理』, 新人物往来社.

兵藤裕巳(2009)『琵琶法師 <異界>を語る人びと』, 岩波新書.

橋本明(2011)『精神病者と私宅監置―近代日本精神医療史の基礎的研究』, 六花出版.

이권희(2013)『근대 일본의 국민국가 형성과 교육』, 케포이북스.

_____(2017)『국가와 교육―메이지 국민교육사』, 케포이북스.

山下麻衣(2014)『歴史のなかの障害者』, 法政大学出版局.

구로카와 미도리・후지노 유타카 저/김영주 외 역(2022)『차별의 일본 근현대사―포섭과 배제의 사이에서』, 제이앤씨.


高橋智(2001)「近代国民の形成と知的障害言説」, 『東京学芸大学紀要 1 部門』.

八幡ゆかり(2006)「障害児教育における実践課題と歴史的背景」『鳴門教育大学研究紀要』第21巻.

이권희(2022)「전근대 일본사회의 '장해자' 인식에 관한 고찰―'장해자'의 표상과 '극복' '승화'를 중심으로―」『日本研究』제92호, 한국외국어대학교 일본연구소.


日本國語大辭典 第二版 編輯委員會(1972)『日本國語大辭典』, 小學館.

厚生省大臣官房統計情報部編(1994)『優生保護統計報告』1994年版

杉山検校遺徳顕彰会,

　　　http://www13.plala.or.jp/sugiyamakengyou/kousyuujyo.html

『百科事典マイペディア』,

　　　https://kotobank.jp/word/%E9%96%93%E5%BC%95%

E3%81%8D-635570
문부과학성 홈페이지,
　https://www.mext.go.jp/a_menu/shotou/tokubetu/mext_00805.html

# 오사카 재일 코리안의 '공생'과 '상생'

## 서벌터니티를 넘어 트랜스내셔널로

강 소 영

## 1. 머리말

오사카는 에도시대부터 일본 상공업의 중심지였고, '메이지' 유신 이후 근대적 산업도시로 발달해온 일본 제2의 대도시이다. 에도시대부터 존재해온 마이너리티로서의 피차별 부락민, 도시 빈민 등과 근대 제국 일본에 새로이 편입된 피식민 주체로서의 조선인, 소수민족인 오키나와인들이 19세기 말부터 20세기 초에 오사카 구도시의 외곽에 거주하게 되었다. 오사카가 근대국가 일본의 국제적인 산업도시로 발전해 나가던 시기에 전후 복구 및 경제성장 과정에서 경제·사회적으로 가장 낮은 지위에 있던 이들은 오사카

에 저임금 노동력을 제공했다. 조선인의 오사카 이주는 일본의 식민지 침탈로 농촌경제가 피폐해지면서 동아시아 상공업의 거점으로서 노동수요가 높아지고, 특히 1923년에 제주도와 오사카 사이에 정기연락선 기미가요호(君が代丸)가 취항하여 이동이 편리해지면서 증가했다.

최근 들어서 그동안 별개로 진행된 일본 국내이동과 국외이동, 일본 이민사 연구와 식민지 연구가 '사람의 이동 연구'라는 보다 넓은 시야에서 검토되기 시작했다. 일본 국내외이동이 중첩되면서 사람의 생활영역을 형성하고 있었다는 것은 근현대 일본인/피식민지인의 이동 문제를 생각하는 데 있어서 중요하다. 특히 현대 일본에서는 일본과 한국의 쌍방향적인 사람의 이동이 활발해지면서 '경계'를 둘러싼 문제가 부각 되고도 있다.

본고에서는 오사카의 대표적 재일코리안 거주지역인 이쿠노구(生野區, 쓰루하시(鶴橋) 및 구이카이노(猪飼野) 지역)를 중심으로 그 서사와 더불어 오사카시의 '다문화 공생' 개념과 지침에 대하여 일본 내의 '공생' 개념을 보조선으로 하여 살펴보고자 한다.

바야흐로 지금은 좁게는 일본이라는 국민국가의 경계 내부에서, 나아가서는 세계 신자유주의의 흐름 속에서, 재일 코리안이라는 존재가 그들을 억압하고 있던 과거의 식민성을 넘어서고 있다고 생각한다. 본 고를 통하여 쓰루하시와 이카이노라는 식민성에서 유래한 재일 코리안 거주지역이, 2023년 현시점에서는 일본 내 새로운 문화적, 지정학적 서사를 가진 지역으로 탈바꿈하고 있다는 것을 확인하게 될 것이다.

## 2. 쓰루하시·이카이노의 존재/비존재

이카이노를 설명할 때 종종 인용되는 이카이노 출신 재일 코리안 시인 김시종의 '보이지 않는 동네'(『이카이노시집(猪飼野詩集)』, 東京新聞出版局, 1978.10)라는 시부터 역시 인용해야 할 듯하다.

> 없어도 있는 동네 / 그대로 고스란히 / 사라져 버린 동네…누구나 다 알지만 / 지도엔 없고… / 일본이 아니니까 / 사라져도 상관없고 / 아무래도 좋으니 / 마음이 편하다네

지명이 사라진 '이카이노'에 대한 기억을 이야기하며 비가시적 존재가 되어버린 '재일'에 대한 기억을 소환하고, 이카이노는 지명의 소거와 함께 이미 기억 속의 장소가 되었지만 재일 코리안의 역사적·문화적 기억을 소환하는 장이 되고 있는 것이다.

식민지 역사와 함께 시작된 재일조선인의 삶과 역사를 상징하는 장소인 이카이노는 오사카시 이쿠노구의 일 구역에 있었으나, 1973년 2월 1일에 행정구역 개편으로 주변 지역으로 편입됨으로써 지도상에서 그 지명은 사라졌다. 그러나 김시종의 시에서 "없어도 있는 동네/그대로 고스란히/없어진 동네"로 표현하고 있는 것처럼 지명은 소거되었지만 이카이노의 상징성과 그 장소가 실제로 없어진 것은 아니다. 2021년 5월에 오사카시 이쿠노구가 발표한 인구 통계자료에 의하면, 2021년 3월말 현재 오사카시에 거주하는 한국·조선 국적자 수는 총 142,995명이다. 이중 이쿠노구 거주자

121

는 20,397명으로 이쿠노구 전체 인구 대비 총 16.1%에 이르고 있
다. 전후 최대치를 갱신했던 시기에 비하면 규모가 축소되었으나
현재도 오사카시 전체 24개 구 중 이쿠노구가 가장 높은 비율을 차
지하고 있다.

　『재일코리안사전』에서는 이카이노에 대해 다음과 같이 설명
한다.

　　일본 내 최대·최고의 재일 코리안 집단 거주지. 오사카시 이쿠노
　구 이카이노쵸의 옛 지명이다. 고대 아스카시대부터 있었던 유서 깊
　은 지명인데, 1973년 행정구획 변경으로 쓰루하시·모모다니·나카
　가와·다시마로 분할되어 그 명칭은 소멸되었다. 식민지 시대에는
　'일본국 이카이노 몇 번지'만으로도 조선에서 우편물이 배달되었다.
　이카이노는 곧 재일조선인이었다. 주민 4명에 1명은 재일코리안이
　며, 그 지역에 있는 오사카시립 미유키모리 소학교 학생의 70-80%가
　한국계이다. 바로 근처에는 총련의 오사카 조선 제4초급학교도 있
　다. 이 지역에서는 아쿠타가와상 수상 작가를 비롯하여 많은 예술
　가·활동가들이 배출되고 있다. …… 제주도는 오사카부와 비슷한 넓
　이로 인구는 약 20만이었다. 이 섬에서는 일본 패전(1945년)까지 23년
　간 십 수만 명의 섬유공장 여성 노동자, 고무공장 등의 노동자, 해녀
　등이 일본으로 건너왔다. 전후에도 제주도 4·3사건 등의 혼란을 피
　해 밀항이 끊이지 않았다. 이카이노의 절반은 제주도 사람들이 만들
　었다고 할 수 있다.

　　사람들이 집단 거주하면 시장이 생겨난다. 이카이노를 동서로 지

나는 약 500M의 미유키모리도리(御幸森通)가 있는데 그 중간쯤의 뒷 곡목에 생긴 시장이 '조선시장'의 시초였다. 지금은 미유키모리도리 전체가 조선시장(코리아타운)이라고 불린다.[1]

오사카 히가시나리구(東成区), 이쿠노구에 있었던 이카이노 지역 은 일본에서 최초로 재일조선인 마을이 형성된 곳으로 알려져 있 다. 이 지역에는 1920년대부터 재일조선인을 대상으로 '조선시장' 이 발생했으며 해방 이후에도 그 명맥을 이어갔다. 한편, 인근의 쓰 루하시(鶴橋)에는 패전 후 역을 중심으로 암시장이 발생했고 이곳은 해방을 기점으로 관서 지역 재일조선인의 경제활동에 큰 영향을 미치는 공간이 되었다.

해방과 동시에 대거 실업자가 되었던 재일조선인은 암시장에서 생계를 잇기 위한 경제활동을 펼쳤고, 쓰루하시는 기존에 형성되 어 있던 최대 집주지 이카이노는 물론, 관서 일대의 재일조선인이 활동하는 주요 장이 되었다.[2]

이러한 이카이노에 주목한 선행연구는 다수 존재한다. 현월, 김 시종, 원수일, 양석일 등과 같은 제주도 출신 재일 작가 문학에 나 타나는 특징과 이카이노라는 장소가 갖는 상징적 의미를 고찰하거 나 그 지점을 넘어서 포스트콜로니얼 문학으로서의 가능성을 제시

---

1 국제고려학회 일본지부 '재일코리안사전' 편집위원회 편찬, 정희선 외 역, 『재 일코리안사전』, 선인, 2012, p.304-305
2 박미아(2020) 「해방 후 재일조선인의 생활공간 변용: 오사카 츠루하시(大阪鶴 橋) 일대 '시장화'를 중심으로」 『한일민족문제연구』 Vol.39, 한일민족문제학 회, pp.164-165

하는 등 다양한 형태로 연구가 이루어졌다.[3]

　오사카 '이카이노' 지역을 연구 대상으로 한 선행연구를 살펴보면 제주도민의 오사카 이주를 배경으로 한 연구, 재일조선인의 역사를 '오사카'라는 지역을 통해 조명한 연구, 오사카 집주지역의 형성과 실태에 관한 연구, 일본 내 재일조선인 사회와 집주지역에 대한 비교 연구 등 사회학적인 측면에서 접근한 논문들은 비교적 많이 축적되어 있다.

　구 이카이노 지역에 형성된 조선인 마을은 '일본 속의 조선'으로 불리고 1930년대가 되면 이 지역의 '조선시장'은 재일조선인을 상

---

3　문재원(2011)「재일코리안 니아스포라 문학사의 경계와 해체-현월(玄月)과 가네시로 가즈키(金城一紀)의 작품을 중심으로」(『동북아문화연구』26, 동북아시아문화학회), 문재원·박수경(2011)「'이카이노(猪飼野)'의 재현을 통해 본 재일코리안 디아스포라 공간의 로컬리티(로컬리티 인문학(5)」(부산대학교 한국민족문화연구소) 등을 비롯하여 대부분의 재일조선인 문학에 대한 논고들은 디아스포라적 관점에서 접근하고 있다.
　　원수일의 작품에 관한 논고로는 박정이(2008)「재일문학 공간 '이카이노'의 상징성-원수일의 이카이노 이야기 를 중심으로」(『일본어문학』43, 일본어문학회), 변화영(2011)「재일조선인 여성들과 이카이노의 생활공간-원수일의 이카이노 이야기 를 중심으로」(『한국문학이론과 비평』15(2). 한국문학이론과 비평학회), 변화영(2011)「자이니치의 경험과 기억의 서사-원수일의 이카이노 이야기를 중심으로」(『현대문학이론연구』45, 현대문학이론학회) 등이 있고, 김시종의 시 연구에는 김계자(2016)「김시종 시의 공간성 표현과 '재일'의 근거」(『동악어문학』67, 동악어문학회)가 있으며, 이외에 유숙자(2000)「오사카(大阪) 이카이노(猪飼野) 在日한국인 문학」(『한국학연구』12, 고려대학교 한국학연구소), 양명심(2016)「재일조선인과 '이카이노(猪飼野)'라는 장소-재일조선인발행 잡지를 중심으로」(『동악어문학』67, 동악어문학회) 등의 논고가 있다. 이희원(2012)「국민국가의 동일성 구조와 그 균열 가능성-현월의 나쁜 소문과 그늘의 집」(『연구한국문학논총』60, 한국문학회), 이영희(2016)「헤테로토피아로서의 조선인부락-이카이노」(『일본어문학』75, 일본어문학회), 허병식(2016)「보이지 않는 장소로서의 이카이노와 재일조선인 문화지리의 트랜스내셔널-'이카이노'를 둘러싼 소설들에 대하여」(『동악어문학』67, 동악어문학회), 소명선(2010)「현월(玄月)의 권속(眷属)론-포스트콜로니얼문학으로서의 가능성」(『일본문화연구』34, 동아시아일본학회) 등

대로 번성하였고, 해방 이후에는 일본인 상권과 접점을 이루면서 미유키도오리 상점가로 재편되었다. 해방 이후 대규모 실업과 대거 귀국에 따라 전국에 산재했던 재일 커뮤니티는 해체되거나 재편되었다. 하지만 미유키도리 상점가를 중심으로 한 구 이카이노 지역은 해방 이후에도 최대의 재일 코리안 집주지역으로 존재하면서 100여 년에 걸쳐 연속성을 보여주고 있다. 이는 '시장'이라는 구심점으로 인해 가능했다. 구 이카이노와 인접한 쓰루하시는 '시장'을 중심으로 한 또 하나의 재일사회를 형성하였다. 쓰루하시에는 전후 손꼽히는 대규모 암시장이 나타나 오사카의 주요 상권으로 성장하였다. 쓰루하시 암시장은 일본인과 재일조선인, 그리고 대만·중국계 등 여러 국적을 가진 이들이 전후의 실존적 경쟁을 벌였던 곳이었고, 그중에서 재일조선인들의 활동이 크게 부각 되었다.

'시장화'된 커뮤니티로서 미유키도리와 쓰루하시는 1950년대 이후부터 각각의 장소에서 병행 발전해 나간다. 이 시기에는 일본인과는 문화적으로 확연하게 다른 재일 코리안의 관혼상제 및 의생활과 식생활 물자 보급기지로서 그 중심의 역할이 더욱 공고하게 되었다. 하지만 구 이카이노와 인접한 쓰루하시는 '시장'을 중심으로 한 또 하나의 고국과의 접점이 희미해져 가는 세대로 내려올수록 그 역할이 약해지며 기존 상권에 변화를 불러오게 되었다. 그 와중에 88 서울 올림픽과 2002년 한일월드컵, 그 이후 드라마와 한국가요로 촉발된 한류붐은 재일 코리안 중심의 '시장'이 일본 사회에도 수용되는 과정을 보여주었다.

기존의 재일 커뮤니티가 와해 되거나 약화 된 것에 비해 구 이카이노와 쓰루하시는 '시장'을 구심점으로 삼아 오히려 재일 코리안의 집중 범위가 확대된 결과를 보여준다. 도보로 20분 이내에 위치한 두 지역이 별개의 점으로 존재하였다면 최근에는 두 지역이 이어지는 대로변과 지역의 뒷골목도 한국색이 강한 점포들로 늘어나고 있어 선으로 연결되는 경향이 있다. 이 선 위에는 기존 '올드커머'들이 구축해 놓은 바탕 위에 새롭게 이주해온 '뉴커머'들의 참여도 더해지고 있다. 쓰루하시 시장과 미유키도리 상점가는 재일 코리안의 역사를 시간적, 공간적으로 다양하게 엮어주고 있는 실체적인 장소라고 하겠다.

한일 양국 교류의 확대와 한류붐을 타면서 두 지역은 특이한 쇼핑명소가 되고, 문화교류의 현장이 되었다. 그러나 한일 양국의 무거운 역사적 현실이 여전히 엄존하고 있고, 각광 받는 이면에는 언제든지 갈등의 대상이 될 수 있는 양면의 칼날같은 불안정성도 작용한다.

차이나타운 혹은 다른 나라에 존재하는 코리아타운과는 달리, 일본의 코리아타운은 그 역사적 성질이 다를 수밖에 없다. 여타의 재일코리안 커뮤니티가 점차 약화되는데 반해 '시장'을 품은 오사카의 '코리아타운'만이 활성화되어있다는 점이 그런 현실을 반영해 준다.[4]

---

4  박미아, 앞 논문, pp.197-198

## 3. 공생과 상생, 오사카시의 '다문화 공생'

아래 표는 2006년부터 2022년까지 오사카시의 외국인 주민 수 추이를 나타낸 것이다.(출처 오사카시 홈페이지)[5]

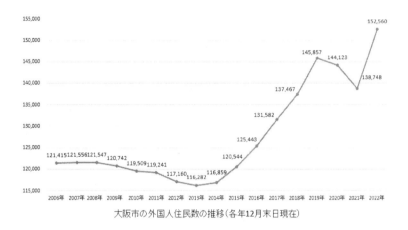

大阪市の外国人住民数の推移(各年12月末日現在)

2022년 12월 말 현재 오사카 시내에는 154개국 출신 외국인 주민 152,560명이 거주하며 전 시민의 약 5.6%를 차지하는데 인구와 비율 모두 일본 전체 도시 중에서 가장 높다. 이러한 거주민 현황 속에서 오사카시의 홈페이지에는 아래와 같이 '다문화 공생' 사회 만들기의 취지를 설명하고 있다.

---

5  https://www.city.osaka.lg.jp/shimin/page/0000431477.html

127

저출산·고령화, 인구감소 시대에 사회의 활력을 유지해가기 위해서는 외국인 주민을 포함한 모든 사람들이 최대한으로 그 능력을 발휘할 수 있는 마을 만들기·사회 만들기가 필요하다. 국적과 민족 등의 차이에 상관없이 한 사람 한 사람이 그 차이를 서로 인정하고 깊이 이해하고 함께 사회의 일원으로서 생활하고 활약할 수 있는 '모든 사람의 인권이 존중받는 사회', '풍요로운 다문화 공생 사회'를 만들어가자.

오사카시 외국인 거주자는 2008년 리먼 쇼크 이후 감소했지만 2013년 이후 증가로 바뀐다. 2020년, 2021년에는 코로나 감염확대의 영향에 따라 감소했지만 2022년에는 1년간 13,812명 증가했다.

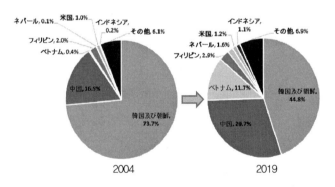

大阪市の国籍地域別人数及び割合(各年12月末日現在)

한국·조선 국적이 2004년에는 89,878명(73.7%)에서 2019년 65,362명(44.8%), 중국은 20,161명(16.5%)에서 43,384명(29.7%), 베트남이 447명(0.4%)에서 17,135명(11.7%), 그 뒤를 필리핀, 네팔, 미국, 인도네시아 등이 잇고 있는데 아시아권의 유입이 압도적으로 많다는 것을 알 수 있다.

재류 자격은 특별영주자 34.0%, 영주자 18.5%, 유학 15.3%, 기술 인문지식 국제업무 9.9%, 가족 체재 5.3%, 정주자 3.5%, 일본인의 배우자 3.1%, 기능실습 3.4%, 특정 활동 1.8%, 경영 관리 1.5%, 영주자의 배우자 1.0%, 기타 2.6%이다.

물론, 오사카 시내 거주 외국인 중 가장 많은 비율이 한국·조선 국적으로 65,362명, 전체 44.8%이다. 지침 개정 전인 2004년에는 오사카시 외국인 주민의 약 7할을 차지했지만 그 숫자와 비율은 매년 감소하고 있다. 그 이유로는 일본 '귀화'와 최근에는 엔저로 인한 뉴커머의 감소 등을 생각할 수 있을 것이다. 제2위 중국은 43,384명으로 전체 29.7%이며 증가세가 이어지고 있다. 최근 급격하게 증가한 것이 베트남인데 17,135명으로 전체 11.7%나 차지하고 있다.

외국인 주민의 높은 유동성도 눈에 띄는데, 2019년 1년간 국내·국외로부터 전입해 주민등록된 외국인 주민은 43,643명으로 외국인 주민의 약 3할이다. 반대로 국내·국외로 전출하여 주민기본대장에서 삭제된 인원은 29,244명으로 외국인 주민의 약 2할이다. 이처럼 오사카시의 외국인 주민은 유동성이 높다고 할 수 있다.

또한 항시 체류 자격이 인정되는 비율이 높다. 오사카 시내 외국인 주민의 체류 자격은 특별영주자가 **49,603**명(전체의 34.0%), 영주자가 26%이다. 이는 일제강점기에 피식민자로서 일본에 건너오거나 제주도 4·3항쟁으로 건너온 조선인과 그 후손의 비중이 단연 크기 때문이라고 할 수 있겠다.

한편, 오사카시는 '다문화 공생 사회의 실현'을 기치로 내걸고 그 지침을 공개하고 있는데 '다문화 공생 사회'에 대하여 아래와 같이 설명하고 있다.

'다문화 공생 사회'라는 것은 다양한 가치관과 문화를 인정하고 국적과 민족, 성별과 출신 등의 차이를 이유로 사회적 불이익을 입는 일 없이 한 사람 한 사람이 개인으로서 존중받고 상호 대등한 관계를 구축하여 그 가지고 있는 능력을 충분히 발휘하며 자기실현을 목표로 하여 사회에 참가할 수 있는 창조적이며 풍요로운 사회[6]

이어서 '외국과 이어지는 시민의 인권 존중'을 내세우고 있다.

국제인권조약의 내외국인 평등의 원칙 및 일본이 비준하고 있는 국제인권조약의 취지를 고려하여 다양한 국적과 민족, 문화적인 배

---

6 多文化共生社会の実現
「多文化共生社会」とは、多様な価値観や文化を認め、国籍や民族、性別や出身などの違いを理由として社会的不利益を被ることがなく、一人ひとりが個人として尊重され、相互に対等な関係を築き、その持てる能力を十分発揮しつつ自己実現を目指して、社会参加できる創造的で豊かな社会。

경을 가진 사람들이 깊이 상호를 이해하고 서로의 존재를 인정하고 외국과 이어지는 시민의 인권이 보장되고 차별과 인권침해를 받는 일이 없는 인권에 근거한 마을 만들기를 진행합니다.

위 설명에 역사가 오래된 특별영주권자로 약 5만 명, 외국인 전체 주민의 34%를 점하고 있는 '안에 있는 타자' 재일 코리안에 대한 고려는 보이지 않는다. 오사카시 홈페이지에서는 이어서 다문화 공생의 구체적인 실천방법에 대해 다음과 같이 제시하고 있다. 좀 길지만 인용해보기로 한다.

### 1. 정보제공 · 상담 대응의 충실

외국과 이어지는 시민에 대한 정보 발신의 충실, 상담 창구의 충실, 창구대응 스킬 및 다문화 공생에 관한 지식의 향상

### 2. 일본어 교육의 충실

일본어 학습의 기회와 장의 충실

일본어 교육환경 충실을 위한 체제 만들기

지역 활동 참가로 이어지는 지역 식자 · 일본어 교실 활동의 실시

### 3. 외국과 이어지는 아동과 학생에 대한 지원의 충실

다문화 공생교육의 추진, 모어 모문화(계승어 · 계승문화를 포함)의 보장을 위한 조직, 일본어 지도 및 학습지원의 충실, 보호자 · 가정에 대한 지원, 중학교 야간학급

### 4. 재해에 대한 대비 추진

방재지식의 보급 계발, 재해 시의 정보제공의 충실, 재해 시의 지원

체제 정비

## 5. 건강하게 안심하고 생활할 수 있는 환경 만들기

의료와 보건, 복지 분야 등 다양한 행정 분야에서 '쉬운 일본어'로 정보를 제공하고 다언어대응의 충실. 직원의 다문화 공생에 관한 이해향상, 공적연금·공적의료보험의 가입촉진을 향한 홍보 충실, 다문화 공생 보육의 실천, 체류자격에 상관없이 적용되는 보건 서비스의 적절한 제공, 공중위생에 관한 올바른 지식의 보급계발, 입거와 취직·임금 등에서 차별에 대한 계발, 유학생에 대한 지원

## 6. 다문화 공생 지역 만들기

다문화 공생에 대한 시민 이해의 촉진, 생활 룰에 대한 이해 촉진, 차별의식 및 차별적 행동의 해소를 향한 계발, 외국인 커뮤니티와 자원봉사단체 등이 활동하기 쉬운 환경 만들기, 외국과 이어지는 시민이 활약할 수 있는 마을 만들기, 행정에 의견을 전하기 위한 방법 검토, 공무원으로 채용.


두 번째 항목의 "일본어 교육의 충실"에서 알 수 있듯이 모어를 일본어로 하고 있는 특별영주권자 재일 코리안에 대한 고려도 오사카시의 '다문화 공생 지침'에는 보이지 않는다.

'다문화 공생'이라는 표현은 1995년 전후의 신조어로 비교적 역사가 짧다. 구미의 다문화주의 혹은 마이너리티에 관한 국제적인 함의와도 관련은 적다. 재일 코리안 교육운동을 선도적으로 전개해온 전조교(全朝教)의 교육 연구대회 자료집에서 '더불어 살기(共に生きる)'와 '공생(共生)', '다문화공생(多文化共生)'이라는 표현이 어느 시기

에 어느 지역에서 어떠한 배경에서 쓰였는지 검토해보면 1988년 가와사키(川崎)시의 대회에서 '더불어 살기(共に生きる)'가 빈번하게 쓰였고 1990년을 지나면 '공생(共生)'이 많이 사용됨과 동시에 재일 코리안을 대상에서 제외한 실천 보고가 나타나게 되었다. [7]

결정적인 시기는 1995년이고 이해부터 '다문화 공생'이라는 표현이 쓰이게 되었다고 한다. 뉴커머에 관한 '다문화공생' 교육안에서 재일 코리안은 어떻게 위치매김되어왔는가를 검토해보면 일본어 네이티브인 재일 코리안은 '다문화 공생' 교육의 대상이 아니었다. 왜냐하면 '다문화 공생' 교육의 주된 목표의 하나가 위에서 살펴본 오사카시의 지침에서 알 수 있듯이 일본어 습득이었기 때문이다. 게다가 뉴커머와 관련된 '다문화 공생'에서는 일찍이 재일 코리안들이 당사자성을 가지고 '반차별, 인권존중, 아이덴티티의 보장'을 추구한 '투쟁의 역사'는 이어지고 있지 않았다. 거기에서는 선의의 자원봉사자 일본인이 당사자가 되어있었기 때문에 불이익에 대한 '투쟁'이 존재하지 않았다. 이처럼 '다문화 공생'교육이 '반차별, 인권존중, 아이덴티티의 보장'을 이념으로 하지 않는 운동이라도 '다문화 공생'이라는 말을 사용함으로써 같은 이념(연속성이 있다)이라고 생각하게 만든다는 점이 나카무라 히로시가 지적하는 '연속성으로서의 허위성'이다.[8]

우에노 치즈코는 다음과 같이 '공생'이라는 단어의 쓰임에 대해

---

7  中村廣司(2015) 『戦後日本の在日コリアン教育政策と運動における「多文化共生」のイデオロギー性』韓国外国語大学校 國際地域大学院 博士学位論文, p.114

8  中村廣司(2015), 위 논문, p.112-114.

주의해야 한다고 지적한다.

　　'참가'와 '공생'이라는 단어 자체에 무언가 의미가 본질적으로 있
　　는 것이 아니라, 그것이 어떠한 문맥에서 어떻게 사용, 유용, 노용, 동
　　원되는가 하는 가능성에 언제나 깊이 주의를 기울여야만 한다고 생각
　　합니다. 9

　무엇보다도 단어가 갖는 이데올로기성을 주의 깊게 살펴볼 필요
가 있다는 것이다. 이 지적을 곱씹으면서 나카무라는 마지막으로
'공생'에 대신하는 단어로서 '상생', '다문화 상생'을 제안하고 있
다. 그는 한국에는 '공생'이라는 말은 존재하지만 유사한 의미로는
'상생'이라는 표현이 많이 사용된다고 설명한다.

　　상생은 새로운 표현은 아니다. '공생' 안의 '상리공생(相利共生)'만
　　을 의미하는 단어로 사용하면 다문화주의 정책의 배경이 되는 '반차
　　별, 인권존중, 아이덴티티의 보장'을 구현하는 표현으로서 유효하게
　　사용할 수 있지 않을까 생각한다. '다문화 상생'도 이데올로기이지만
　　'이념'에 가까운 이데올로기로서 적어도 '허위성'으로부터는 멀어질
　　수 있을 것이다.

　일본에서 '공생' 대신에 '공생' 안의 '상리공생'으로 '상생'이라

---

9　崔勝久・加藤千香子編(2008)『日本における多文化共生とは何か─在日の経験から
　　─』, 新曜社, p.231.

는 단어를 사용하는 것이 일본 내 다문화 공생의 '허위성'과 이데 올로기성에서 벗어나는 방법이라고 나카무라는 말하고 있다. 일본 사회에서 '더불어 살기(共に生きる)'라는 표현이 어느새 '공생(共生)'이 라는 애매한 용어로 치환되면서 오사카시도 최우선으로 염두에 두 어야 할 '안에 있는 타자'인 재일 코리안이라는 존재를 소거한 채 '다문화 공생' 지침을 만들고 말았다. '다문화공생'은 식민주의 역 사성에 기인해 탄생한 특별영주권자인, 일본어를 모어로 하는 재 일 코리안을 배제하고, 뉴커머 외국인만을 대상으로 변질되어 쓰 이고 있다고 할 수 있다.

## 4. 새로운 문화적·지정학적 서사—오사카 코리아타운 역사자료관

2023년 4월 29일 구이카이노 지역에 사단법인 오사카 코리아타 운 역사자료관이 개관하였다. 아래는 뜰에 서 있는 <공생의 비(共生 の碑)>의 뒷면에 새겨진 김시종 시의 한구절이다.

일본의 끝 코리안 마을에 줄을 지어 방문하는 일본의 젊은이들이 있다. 작은 흐름도 합해가면 본류가 되지. 문화를 가지고 모여드는 사 람들의 길이 지금 크게 개척되고 있다. 2022년 4월 9일. (노생)풍인 김시종

'공생의 비(共生の碑)'에 새겨진 시의 일부＝枡田直也 촬영[10]

JR 쓰루하시역에서 내려 이쿠노구와 구 이카이노 지역을 떼 지어 찾아 한국문화를 즐기는 일본의 젊은이들과 문화 현상을 보고 노시인은 새로운 '본류'가 만들어지기를 노래하고 있다. 여기에서 오사카 코리아타운 역사자료관의 설립 취지를 살펴보자.

오사카 코리아타운 역사자료관[11]

---

10 https://www.yomiuri.co.jp/local/kansai/news/20220610-OYO1T50020/
11 https://oktmuseum.or.jp/ko/toppage-ko/

코리아타운은 한때 이카이노(猪飼野)라는 지명으로 불리던 지역의 한가운데 있습니다. 이카이노라는 지명은 항구임을 알려주는 "이카이노쓰(猪甘の津)"에서 유래했고, 백제 등으로부터 바다를 건너온 사람들이 터전을 잡았던 곳입니다.

시대가 지나 1920년대에는, 주소에 '일본국 이카이노'라고만 써도 한반도 특히 제주도로부터의 우편물이 도착하였다고 합니다. 당시 오사카는 "동양의 맨체스터"라고 불릴 정도로 거대 공업 도시로 탈바꿈 중이었으며, 일본 식민지 치하에서 어려운 생활을 할 수밖에 없었던 사람들이 한반도 그리고 제주도에서 살길을 찾아 건너오게 되었습니다.

1990년대에 접어들면서, '조선시장'으로 불리던 미유키도리 상점가는 거리를 정비하였으며, 2000년대에는 한일월드컵 공동개최와 한류붐의 열기가 더해져, 이제 코리아타운은 연간 200만명을 웃도는 사람들이 방문하는 일대 관광지가 되었습니다.

그런데, 그 이전부터도 초·중·고등학교 학생들이 현장학습이나 수학여행 등으로 코리아타운을 많이 찾고 있었습니다. …… 미유키도리 상점가가 "오사카 코리아타운"으로서 활기 넘치는 지금, 우리는 다음 단계로 나아갈 필요가 있다고 생각했습니다. 지금을 있게 한 역사를 배우는 공간 만들기가 바로 그것입니다. 코리아타운의 토대가 된 이카이노의 역사는, 한반도와 일본 사이에서 태어난 다양한 흐름이 고대로부터 차곡차곡 쌓여, 현재 이쿠노구에서의 다문화 공생 마을 만들기로 이어지고 있습니다. 특히나 20세기 이후의 한반도와 일본을 포함한 동아시아의 역사가 여기 이쿠노 코리아타운에 집약되어

있다고 해도 과언이 아닐 것입니다. …… "오사카 코리아타운 역사자
료관"에 들러 한때를 보내는 것으로, 지역에 새겨진 역사를 생각해보
고, 함께 살아온 사람들의 모습을 만나며, 누구나가 미래를 창조할 가
능성을 손에 쥐고 있음을 깨닫는, 열린 장소 만들기를 목표로 하고 있
습니다.

오사카 코리아타운 역사자료관은 '다문화 공생'하는 마을 만들
기를 그 설립 취지로 이야기하고 있다. '공생'이라는 단어의 허위
성은 앞에서 살펴본 바 있다.

김시종 시인은 '일본어에 대한 보복'을 위해 일본어로 시를 쓰고
있다고 자주 밝히고 있다. '일본어에 대한 보복'이란 다양한 언어
적 전략을 의미하며, 일본어를 사용해서 일본어를 되묻고, '있는
그대로'를 되묻는 일이기도 하다. 거기에 더해 그것이 단순히 일본
어와 서로 부딪히기만 하는 행위가 아니라, 최종적으로는 지식이
나 경험의 공유를 도모하고자 하는 행위라고 할 수 있다.

나에 관한 한, 일본어로 밑천이 없어지지 않는 한 절대로 일본어를
버릴 생각은 없습니다. 그것은 곧 일본인에 대한 복수인 셈이고, 복수
라는 것은 적대관계를 말하는 것이 아니라, 민족적 경험을 일본어라
는 광장에서 서로 나누고 싶다는 의미에서의 복수입니다.[12]

---

12  金時鐘, 鄭仁他, 在日朝鮮人と文学－詩誌「チンダレ」「カリオン」他－」, 犬飼, 福中編,
    『座談 関西戦後詩史 大阪篇』, ポエトリー・センター, 1975, p.120

즉 김시종이 누차 말하는 '일본어에 대한 보복'이란 역사적 경험을 공유하려는 시도라고 할 수 있다. 김시종의 자전적 텍스트『조선과 일본을 살아가다－제주도에서 이카이노로』(岩波新書, 2015)의 등장인물 중에 오사카에서 만난 시인 오노 도자부로(小野十三郞)가 있다.

김시종의 시 방법에 결정적인 영향을 미친 시인이라고 알려져 있다. 김시종이 영향을 받은 오노 도자부로『시론(詩論)』의 한 구절을 아래에 인용해보자.

> 인간이 그 인생의 어느 시기에 있어서 자기의 사상을 갱신시키는 의미를 지니는, 토지라든가 풍경이라든가 하는 것과 해후하게 된 것은 선망할 만하다. (오노 도자부로『시론』)

오노의 시적 방법이란 도시 속에 있는 폐허가 된 공장처럼, 어느 장소 안에 존재하는 이질적인 지점에서 그 장소의 중심을 바라보는 것이었다. 폐허로부터 도시를 바라보면 무엇이 보일 것인가, 오노는 그러한 방법을 사용해서 시 창작을 했다. [13]

오노가 말하는 "자기의 사상을 갱신시키는 의미를 지니는 토지"란 김시종에게 있어서는 '이카이노'였을 터이다. 제주에서 일본으로 건너온 김시종에게 그곳은 일본 속에 있는 또 하나의 조선이었을 것이기 때문이다. 이제 김시종은 특별영주권자 '재일조선인'에

---

[13] 오세종(2015)「김시종의 시와 '자서전'－『조선과 일본을 살아가다－제주도에서 이카이노(猪飼野)로』를 중심으로－」『한국학연구』제39집, p.36, pp.43-44

게도 다른 외국인과 동일한 '다문화공생'을 외치는 일본 오사카시의 구 이카이노 지역에서 '공생'을 이야기하고 있다. 오사카 코리아타운 역사자료관에 서 있는 그의 시비 안의 글귀를 다시 인용하기로 하자.

"일본의 끝 코리안 마을에 줄을 지어 방문하는 일본의 젊은이들이 있다. 작은 흐름도 합해가면 본류가 되지."

## 5. 맺음말

본고에서는 오사카의 대표적 재일 코리안 거주지역인 이쿠노구(쓰루하시 및 구 이카이노 지역)를 중심으로 그 서사와 더불어 오사카시의 '다문화 공생' 개념과 지침에 대하여 일본 내의 '공생' 개념을 보조선으로 하여 살펴보았다.

재일 코리안이 제국주의 지배와 식민지의 일상적 차별 속에 있었던 존재라면, 그들의 디아스포라적 존재 양태는 2023년 현시점에서는 한일의 경계들을 넘나드는 층위에서 다시 구성되어야 마땅하다. 현재 이쿠노구와 구 이카이노 지역의 재일 코리안들은 과거의 역사와 장소를 둘러싼 문화적, 사회적 이해가 융합하고 분열하면서 다양한 일본 사회 속 '상생'의 방식을 모색하고 있다. 과거 피식민지인으로서의 기억을 가지면서도 그것을 넘어선 위치를 찾고자 하는 움직임은 2023년 4월 29일에 설립된 오사카 코리아타운 역사자료관으로 대표된다. 그곳 뜰에는 '공생'의 비가 세워져 있다. 오사카시가 외치는 '다문화 공생'과 맥을 같이 하는데, 제4차 한류붐으로 쓰루하시에 넘치는 일본 젊은이들과 작은 흐름을 합해 간다면 본류가 된다고 시인 김시종은 말한다.

일본에 있어서 '포스트콜로니얼리즘이라는 것은 무엇인가'의 출발점은 '식민지지배의 전전'과 '탈식민지화의 전후'의 단절과 연속이라는 문제일 것이다. 일본의 '다문화 공생'은 일본이라는 국민국가 속에서 연속하면서도 단절되어온 '안에 있는 타자'인 재일 코리안이라는 존재를 포용하며 '공생'에서 더 나아가 '상생'으로 발전해가야 할 것이다.

| 참고문헌 |

김인덕(2020)『오사카 재일조선인의 역사와 일상』, 선인, pp.206-207.

박미아(2020)「해방 후 재일조선인의 생활공간 변용: 오사카 츠루하시(大阪鶴橋) 일대 '시장화'를 중심으로」『한일민족문제연구』Vol.39, 한일민족문제학회, pp.164-165, pp.197-198.

소명선(2021)「현월(玄月) 문학의 토포스에 관한 연구-'이카이노' 서사의 특징과 서사 전략에 관해-」『일본문화학보』제90집, 한국일본문화학회, p.6, p.11, p.24.

양명심(2016)「재일조선인과 '이카이노(猪飼野)'라는 장소」『동악어문학』Vol.67, 동악어문학회, pp.157-158.

오세종(2015)「김시종의 시와 '자서전'-『조선과 일본을 살아가다-제주도에서 이카이노(猪飼野)로』를 중심으로-」『한국학연구』제39집, 인하대학교 한국학연구소, p.36, pp.43-44.

조수미(2018)「오사카의 소수자 거주지역-차이와 낙인의 지리적 구성」『동아시아문화연구』Vol.74, 한양대학교동아시아문화연구소, p.210.

中村廣司(2015)『戦後日本の在日コリアン教育政策と運動における「多文化共生」のイデオロギー性』, 韓国外国語大学校 國際地域大学院 博士学位論文, p.112-114.

大阪市の外国人住民数等統計のページ, https://www.city.osaka.lg.jp/shimin/page/0000431477.html(검색일: 2023.4.10.)

読売新聞オンライン, https://www.yomiuri.co.jp/local/kansai/news/20220610-OYO1T50020/(검색일: 2023.4.10.)

大阪コリアタウン歴史資料館公式サイト, https://oktmuseum.or.jp/ko/toppage-ko/(검색일: 2023.4.10.)

# 식민지, 전쟁, 원폭과
# 트랜스내셔널 서벌턴
### 한국 원폭 피해 여성의 역사 주체 되기

오 성 숙

## 1. 머리말

2023년은 히로시마(広島), 나카사키(長崎)에 원폭이 투하되고 패전을 맞이한 지 78주년이 된다. 미국은 1945년 8월 6일 8시 15분 히로시마, 8월 9일 11시 2분 나가사키에 원자폭탄을 투하했다. 이로 인한 피해자만 피폭자 69만 명, 사망자 23만 명이라고 알려져 있다. 그러나 지금까지도 확실한 숫자는 알 수 없다. 더군다나 외국인은 이 수치에 포함되지도 않았다. 한국인 피해자의 경우 사망자 4만 명, 생존자 3만 명 등 피폭자가 7만 명에 이르고, 그중 한국 귀국자 2만 3천 명, 일본 재류자(在留者) 7천 명으로 추정[1]되고 있다.

한일강제병합 이후 재일조선인이 증가하고 1938년 국가총동원법, 1944년 국민징용령 등이 적용되면서 노동력 증강을 위해 많은 조선인이 강제 동원되었다. 조선인의 원폭 피해가 컸던 이유는 식민지였던 역사적 사건과도 맞물려 있다. 1945년 패전 당시 237만 명의 조선인이 일본에 거주[2]하고 있었고, 피폭자 10명 중 1명은 조선인이었다고 전해진다. 이러한 민족의 역사 아래, 유일한 피폭국 일본인 다음으로 조선인이 원폭의 위력과 참상의 피해를 고스란히 떠안았다. 그리고 원폭 피해 1세대인 피폭 조선인, 나아가 지금도 고통받는 한국의 원폭 피해 2, 3세대의 고통과 존재는 여전히 수면 아래 잠겨 있다.

그 이유는 한국인 관련 원폭 자료와 연구 부족에 더해, 피폭 경험을 드러내지 못하는 사회적 분위기 속에서 관심의 대상이 되지 못했기 때문이다. 무엇보다 '원폭신화'가 한몫했다고 할 수 있다. 원폭이 일본 패망과 한국 광복을 가져온 고마운 폭탄이라는 '원폭신화', 그리고 한국의 우방 미국과의 관계라는 측면에서 한국인 피폭자는 목소리를 낼 수 없었다. 한국 원폭 피해자를 구원하는 시민회

---

1 市場淳子(2011)「朝鮮半島出身の原爆被害者に対する日本の戦争責任」『戦争責任研究』第73号, p. 26.

2 "일본의 한국 점령 시절 수많은 조선인이 여러 이유로 일본으로 건너가 살았다. 재일조선인들은 한일합방이 체결된 1910년 이전에는 800명도 되지 않았다. 그러나 한일합방 이듬해인 1911년 2,527명으로 증가했고, 그 후부터 매년 수백 명씩 늘다가 (중략) 1923년에는 8만 명을 넘어섰다. (중략) 만주사변이 발발한 1931년에는 31만 명을 기록했고, 조선에도 적용된 국가총동령 공포가 있었던 1938년엔 80만 명에 육박했다. 전쟁이 막바지로 치닫던 1940년에는 100만 명을 돌파한 뒤 (중략) 원자폭탄이 투하되어 종전이 된 시점에는 236만 5,623명에 달했다."(박동수(2013)『핵, 끝나지 않은 형벌』, 한들출판사, pp. 92-93).

(韓国の原爆被害者を救援する市民の会) 이치바 준코(市場淳子) 회장은 일본 정부가 한국인 피폭자에 대한 보상을 완수하는 것이 침략전쟁으로 아시아인들을 고통스럽게 하고, 나아가 미국의 원폭 투하라는 대참사를 초래했던 잘못을 두 번 다시 반복하지 않는, 평화로운 일본을 만들기 위한 토대를 구축하는 것[3]이라고 밝힌다. 그는 만약 한국인 피폭자가 투쟁하는 것을 단념하고, 한국인 피폭자를 지원하는 운동도 없었다면 한국인 피폭자가 받아왔던 불행과 부조리는 역사의 그늘 뒤로 사라지고, 미국과 일본은 스스로 범한 죄를 계속 은폐해갈 것이다[4]라고 말한다. 그가 일본 정부에 대해 한국인 피폭자의 배상과 원호를 요구하며, 한국인 피폭자를 위한 지원 활동을 활발히 해온 까닭이다.

본 작업도 이러한 불행한 역사와 트랜스내셔널 서벌턴이라고 명명할 수 있는 원폭 피해 여성의 서벌턴성을 기록하고 그 목소리를 복원하는 작업, 즉 역사의 주체 되기 프로젝트의 일환이다. 여기에서 트랜스내셔널 서벌턴이란 '식민지−제국' '한국−일본' '한국−미국'이라는 경계에서 억압되어 침묵할 수밖에 없었던, 목소리를 낼 수 없었던 상황에 놓인 하위 주체인 원폭 피해자를 스피박의 개념을 차용하여 명명한 것이다. 왜냐하면, 트랜스내셔널 서벌턴이라는 용어로 말미암아 제국주의, 가부장제적 공모성에 의해 사회적 억압과 차별을 감내하고 개인에게 귀속시키며 침묵할 수밖에 없었던 구조화된 이데올로기를 분석함으로써 서벌턴성을 드러내

---

3  이치바 준코 지음, 이제수 옮김(2003)『한국의 히로시마』, 역사비평사, p. 17.
4  이치바 준코, 위의 책, p. 18.

고, 이를 극복하기 위한 원폭 피해 여성의 '역사적, 정치적 주체 되기'가 더 잘 드러날 수 있다고 보기 때문이다. 이러한 점에서 기존의 선행연구 원폭문학의 문학적 전략을 다룬 이행선의 논문[5], 원폭 피해 상황과 원폭 피해자 여성의 불행한 삶에 초점을 맞춘 이정희의 논문[6]과는 차별화된 기획이라고 할 수 있다. 다시 말해, 원폭 피해라는 개인의 기구하고 불행한 인생에 초점을 맞추는 것이 아니라, 불행을 개인에게 수렴시키는 구조화된 제국주의, 가부장제 이데올로기를 분석함으로써 구조화된 서벌턴성을 무너뜨리고자 하는 기획이 본 글의 시도라고 할 수 있다.

본 글은 피폭 당시 전쟁으로 징병된 남성들 대신 강제동원된 근로 현장에서 여학생과 여성들의 피해가 컸다는 점에서, 식민지 지배와 그로 인한 궁핍으로 일본으로 건너간 후 피폭된 원폭 피해자 여성 1세대, 2세대를 중심으로, 증언, 평전, 그리고 이를 바탕으로 쓴 김옥숙의 소설 『흉터의 꽃』을 중심으로 살펴보고자 한다. 먼저, 제국주의 담론과 가부장제 담론 아래 억압되고 침묵 되었던 서벌턴성을 고찰하고, 더 나아가 서벌턴성의 극복으로서 그녀들의 목소리 내기와 이에 귀 기울이는 듣기의 공동체의 형성과 연대에 주목하고자 한다. 이는 그녀들의 목소리 내기를 생존과 인권, 보편적 삶, 건강한 삶으로의 과정으로 복원하여 '한국 원폭 피해 여성들이 역사의 주체가 되는 역사적, 정치적 주체화에 이르는 가능성으로

---

5 이행선(2018)「한국인 원폭 피해자의 증언과 서사, 원폭문학: 김옥숙, 『흉터의 꽃』(2017)」『기억과 전망』39호, pp. 48-190.
6 이정희(2020)「한국의 원폭문학 고찰―『흉터의 꽃』을 중심으로―」『國際言語文學』제46호, pp. 237-258.

읽어내고자 함이다. 이러한 프로젝트는 잠재적 핵 피해자가 될 수 있는 우리 인류에 관한 것이라고 할 수 있다.

## 2. 한국의 히로시마 '합천': 꿈의 땅, 일본 '히로시마'

원폭 2세대, 50대 후반 조진아 씨의 인터뷰이다. 조진아 씨는 원폭 피해자 가정의 고통을 안고 오랫동안 참 힘들게 살아왔다면서 경남 합천을 이야기한다.

> "일제 때 부모님은 합천에서 결혼한 뒤 외갓집 식구들을 따라 일본으로 건너갔어요. 일제의 수탈로 인한 생활고를 벗어나기 위해서였다고 해요. 정착한 곳은 합천 사람이 많이 살던 히로시마의 요코가와란 곳이었어요."[7]

일제강점기의 수탈과 생활고로 인해, 조진아 씨 부모님이 합천에서 일본 히로시마 요코가와(横川)로 가게 된 사정을 알 수 있다.

원폭 관련 자료와 증언, 취재를 기반으로 쓴 김옥숙의 장편소설 『흉터의 꽃』도 '합천으로 가다'로부터 시작된다. 합천이 고향인 작가 김옥숙은 생계를 위해 일본으로 떠났던 할아버지와 히로시마에서 태어난 원폭 피해자인 아버지의 삶과 맞물린 자전적인 요소

---

7 박동수(2013) 『핵, 끝나지 않은 형벌』, 한들출판사, p. 54.

가 많은 소설[8]이라고 밝힌다. 하지만 소설을 쓰기 전까지 합천이 한국의 히로시마로 불리고 한국의 원폭 피해자가 가장 많다는 사실조차 알지 못했다[9]고 고백한다.『흉터의 꽃』은 할아버지는, 합천 사람들은 "왜 말도 통하지 않는 낯설고 낯선 히로시마로 건너간 것일까, 합천 사람들이 원폭 피해를 가장 많이 입었을까, 합천은 왜 '한국의 히로시마'가 되었을까, 원폭의 지옥에서 살아남은 이들은 그리고 그 후손들은 어떻게 살았을까."라는 김옥숙 작가의 의문의 여정[10]이, 합천이 고향인 운명과 함께 소설로 재현된 것이라고 할 수있다.

『흉터의 꽃』에서 합천은 경상도의 강원도로 높은 산으로 둘러싸여 경작지가 좁고 가뭄과 홍수에 시달리는 자연재해도 극심한 곳이다. "일본인들만을 위한 농업정책 때문에 합천의 농민들은 나물죽으로 연명하고 들풀을 뜯어 먹으며 겨우 목숨을 부지했다." 조선을 강제병합한 이후, 1912년 토지조사령은 식민지 조선의 땅을 합법적으로 빼앗는 수단이 되었다.

> 1912년 조선을 강제로 병합한 일본은 조선의 경제권을 장악하기
> 위해 토지조사령을 발표했다. 당시에는 토지대장에 등록하지 않은 토
> 지들이 상당했다. 일본은 토지의 소유권이 분명하지 않은 국유지를

---

8 「꽃잎보다 약한, 핵폭탄보다 강한『흉터의 꽃』김옥숙 작가 인터뷰」『채널예스』, 2017년 5월 23일, http://ch.yes24.com/Article/View/33459(검색일: 2023.3.2.).
9 김옥숙(2017)「작가의 말」『흉터의 꽃』, 새움, p. 478.
  이하『흉터의 꽃』의 본문 인용은 페이지만을 기입한다.
10 김옥숙, 위의 책, pp. 478-479.

합법적으로 빼앗기 위해 토지조사사업을 서둘렀다. 기간 내에 신고를 하지 않은 토지는 강제로 몰수해버렸다. 일본에 반감을 가진 농민들은 일부러 신고를 하지 않고 버티는 경우가 많았다. 졸지에 조상 대대로 농사를 짓던 땅을 빼앗긴 농민들은 날벼락을 맞았다. 울며 겨자 먹기로 소작농이 되거나 만주나 일본 땅으로 유랑의 길을 떠나는 사람이 부지기수였다.(p. 19)

"들어보이 일본에는 일자리가 많다 안 카나. 지만 부지런히 일하면 안 굶어 죽는다 카더라. 우리 동네에도 일본 히로시마에 간 사람이 있다. 그 사람은 말 구루마 끄는 일을 하는데 벌이가 괜찮아서 집에 돈을 제법 부쳐 오는 갑더라. 그 덕에 논도 다섯 마지기나 샀다."(p. 25)

합천의 강순구는 굶어 죽게 생긴 처지에 10년 넘어 아이를 가진 아내와 살기 위해, 몇 년만 고생하면 내 땅을 가질 수 있다는 꿈으로 일본 히로시마로 건너간다. 강순구에게 "일본은 하얀 쌀밥과 고깃국의 다른 이름"이고 "금싸라기보다 귀한 쌀밥을 먹을 수 있는 꿈의 땅"이었다. 그리고 합천은 죽음보다 더 무서운 굶주림을 가르쳐준 땅이었다.

"주변에 앉은 사람들에게 물어보니 합천에서 왔다는 사람들이 제일 많았다. (중략) 합천 율곡 정골에서 왔다며 미쓰비씨 군수 공장에 일하러 가는데 일할 데 없으면 같이 일하자고 했다. 우지나 조선소에서 일할 거라는 합천 대병면 출신 남자는 조선소에서 일하도록 소개

해주겠다고 했다. (중략)

"가만히 보니 여 합천 사람들이 참말로 많네예."

"합천이 묵고살기 질로 힘들어서 안 그렇겠나? 그러이 합천 사람들이 이래 안 났겠나? 그래도 합천 사람이 많아서 의지가 많이 된다."(p. 30)

1905년 부산에서 일본 시모노세키로 가는 관부연락선이 운행되면서 유학, 일자리를 찾아 떠나는 조선인들이 늘기 시작한다. 일본은 대륙 진출에 대한 야망으로 히로시마를 대륙 침략의 전초기지로 삼으면서 동양 최대의 무기 제작소 일본제강소를 히로시마에 둔다. 이후 히로시마는 군사도시로 급성장하고, 부족한 노동력을 조선 합천의 농민들로 채운다. 합천 사람들은 더이상 굶지 않고 돈도 벌 수 있다는 희망을 안고 관부연락선을 타고 히로시마로 향했다. 원폭 1세대 심진태 합천원폭피해자협회 지부장도 "1920년대부터 합천지역은 황강에 수해가 자주 발생하고 가뭄도 닥치는 등 자연재해가 극심했고 일제의 수탈, 각 면의 소작료 분쟁 등으로 생활고가 심"한 상황에서, "이를 견디다 못한 주민들이 일본으로 도항하기 시작했고 상당수가 부산을 거쳐 히로시마에 정착했다. 이후 일본으로 건너가는 합천 사람들도 자연히 가족, 친척, 지인들이 몰려 사는 히로시마로 연결되어 합천 사람들이 집중적으로 히로시마에 살게 된 게 피폭자가 많게 된 이유"[11]라고 한다.

---

11  박동수(2013), 앞의 책, p. 93.

히로시마에 조선인들이 있었다. 먹고살기 위해 일본으로 건너온 조선인 일가족, 학도병이라는 이름으로 군대에 끌려온 학생, 징용으로 공장에 끌려온 스무 살의 새파란 청년, 나물을 캐거나 우물에 물을 긷다 끌려온 앳된 얼굴의 근로 정신대 소녀들이 있었다. 나라를 빼앗긴 죄로 영문도 모른 채 일본으로 끌려온 순박한 조선인들, 일본의 수탈로 살길을 찾아 일본으로 건너온 조선인 수만 명이 히로시마에 살고 있었다. (p. 34)

일본은 중일전쟁, 아시아 태평양전쟁으로 이어지는 침략전쟁을 시작하고 1945년 8월 6일 8시 15분 히로시마에 원자폭탄이 투하되자, 8월 15일 패전을 선언하고 조선은 광복을 맞게 된다. "전쟁이란 괴물과 원폭"은 강순구와 조선인의 일상도 무너뜨리고 말았다. 더 나아가 일본인들이 조선인을 죽이는 사건까지 벌어진다. 관동대지진 때도 우물에 독을 탔다는 억울한 누명으로 칼로, 죽창으로, 몽둥이로 살육했던 일본인들이다. 그들은 "원자폭탄에 처참하게 당한 분풀이를 애꿎은 조선인들에게 전가하고 있었"던 것이다. 조선인들은 피폭 후, 조선인이라는 이유로 피폭의 치료로 받지 못하는 상황과 일본에서의 "개죽음"을 피하고자, 집과 가족을 잃고 만신창이가 된 몸으로 다시 고향 합천[12]으로 돌아온다.

---

12  합천원폭자료관의 설명에 따르면 피폭 생존자 4만 3천여 명 중 70~80%가 합천 사람이었고, 히로시마 한국인 원폭 피해자 중 99%가 합천 사람이었다고 한다. 「왜 합천인가?」『합천원폭자료관』,
https://hcwp1945.wixsite.com/hcwp1945(검색일: 2023.3.15.).

## 3. 원폭의 무차별성과 영속성: 서벌턴성의 대물림

소설『흉터의 꽃』에는 김옥숙 작가를 투영한, 합천이 고향인 무명작가 정현재가 등장한다. 정현재는 1인 출판사를 운용하는 K와 술을 마시면서 합천이 한국의 히로시마라고 불린다는 사실을 처음 듣게 된다. K로부터 "고향이 합천이라는 건, 네가 원폭 소설을 써야 할 운명"이라는 말에, 운명과 소명의식을 느끼고, 25년 전 도망쳤던 애증의 합천을 찾는 데서 소설이 시작된다. 정현재는 낯설어진 합천의 원폭피해자복지회관에서 한 분의 할머니에게 시선을 빼앗긴다.

> 할머니의 얼굴을 본 순간 온몸이 얼어붙는 것 같았다. 흉한 화상 흉터가 얼굴의 반쪽을 뒤덮고 있었다. 찰흙 반죽을 아무렇게나 덕지덕지 발라 놓은 것처럼 피부가 울퉁불퉁 부풀어 올라 있었다. 목과 얼굴의 피부가 엉겨 붙어 목을 자라처럼 움츠리고 있는 모습이었다. 붉은 피부는 기름칠을 한 것처럼 심하게 번들거렸다. 마치 윤기가 나는 붉은 빛깔의 가면을 쓰고 있는 것처럼 보였다. 저토록 끔찍한 흉터를 가진 사람은 난생처음이었다. (p. 14)

흉한 화상 흉터로 얼굴의 반을 뒤덮은 할머니는 강순구의 딸 분희이다. 정현재는 "저런 흉터를 가진 할머니라면 어떤 인생을 살아왔을까?"라는 맹렬할 궁금증에 취재를 시도하지만, 강분희 할머니는 마주친 시선을 외면하며 취재를 단칼에 거절한다. 다른 사람들의 여러 번의 취재 시도에도 계속 침묵하고 있었다고 한다. 강분희 할머니는 소녀시절 피폭으로 "70년의 세월을 시간의 무덤", "침묵의 집 속에 스스로를 유폐시키고" 있었던 것이다. 한편 급히 병원으로 향하는 뇌성마비에다 정신지체 1급 장애를 앓고 있는 할머니도 있었다. "누에처럼 70년의 세월을 정신과 육체가 결박당한 채 침묵의 방에 갇혀야 했던" "저 할머니의 지난 한평생을 과연 누가 보상해줄 수 있단 말인가." "억울하다는 말로는 표현이 불가능한 저 기가 막히는 세월을" 보냈을 할머니이다.

분희는 미군의 폭격으로부터 군수시설을 보호하기 위해, 의용대와 중학생들을 동원해 건물 강제 철거 작업을 벌이는 와중에 히로시마에서 피폭당했다. 강렬한 섬광과 바람에 몸이 휘감기며 불타는 건물 쪽으로 내동댕이쳐졌다. 얼굴이 뜯겨나가는 고통에 정신을 차린 분희는 윗도리가 다 찢기고 얼굴, 목, 젖가슴이 온통 피투성이였다. 분희를 색시로 점찍은 동철 오빠에 의해 "무간지옥"에서 구출되지만, 사람들은 원폭 화상을 입은 분희를 문둥병 환자나 괴물을 보듯 기겁한다. 분희는 원폭이 터진 날부터 손가락질 당하며 죄인처럼 숨어지내야 했고, 원폭으로 인한 지울 수 없는 상처와 아픔, 시선 그리고 문둥병으로 오인되어 동네에서 쫓겨나는 가족을 보며 '죄의식' '죄책감'에 사로잡혔다. 마음을 품은 동철 오빠에게 시집은 꿈도 못꾸는, "사람으로 태어났으나 더 이상 사람이 아"닌 "살거나 죽거나 아무 상관" 없는 날들을 보내게 되었다. 자신 때문에 늘 노심초사하는 부모님, 시집을 못 가 부모에게 얹혀사는 죄짓는 날들과 동생들의 앞날을 생각해 시집갈 결심을 한다. 누구든

153

상관없다는 자포자기로부터 열 살이나 많은 홀아비의 재취로 가게 된다. 본 글은 이러한 삶을 선택할 수밖에 없었던 가부장제 이데올로기를 분석하는 것이고, 이야말로 희생을 감내하고 이를 당연시하는 기제를 드러내는 작업이다.

하지만 남편은 "조금이라도 심기가 거슬리면 밥상을 집어던지고 뺨을 올려붙였다. 쌍욕을 하고 발길질을 했다." "귀신 같은 상판때기가 보기 싫다고, 화투에서 졌다고, 얼굴을 찌푸리고 있다고, 밥을 늦게 차렸다고 때리고 또 때렸다."

> "이 쌍년아! 니년 때문에 집구석에 들어오기도 싫다. 이 문덩이 빙신년아! 원폭 맞은 빙신인 줄도 모리고 저걸 처녀라꼬. 내가 내 눈을 찔렀지. 으이구! 복장 터진다." (p. 152)

설상가상으로 분희는 사산아를 낳고 말았다. 시어머니는 "우리 집안 대가 끊깄다" "빙신년이 들어와서 집안을 말아묵"는다며 달려들어 머리를 쥐어뜯는다. 이때 들어온 남편은 분희를 피투성이로 만들고 질질 끌고 가 뒷산 깊은 산골짝에 내팽개쳤다. 죽기를 결심한 분희가 벼랑 끝에서 몸을 던져보지만 죽는 것도 마음대로 되지 않았다. 여기에는 맏딸로서의 역할, 온전한 얼굴, 자식을 낳는 몸이라는 가부장제 하의 바람직한 여성에서 벗어난 분희가 친정 식구에게는 죄의식에 사로잡힌 딸, 남편에게는 화를 돋우는 존재, 삶의 화풀이 대상이 되어 있었다. 분희는 결국 동생 태수에 손에 이끌려 친정으로 돌아온다.

154

분희는 꿈에 그렸던 동철이와 우여곡절 끝에 혼인도 하게 된다. 동철이도 아들 하나 둔 녹록하지 않은 삶을 살아왔다. "분희의 존재 자체가 좋아서 못 견디는 그런 눈빛"으로 "흉터에 꽃을 가만히 대주던 사람, 흉터를 꽃으로 만들어주었던" 동철이의 '사랑'은 가부장제 아래 억눌렸던 분희를 온전한 사람으로 만들어주었다. 분희는 동철이와의 사이에서 큰딸 인옥, 둘째 인규, 셋째 인우를 낳았다. 하지만 큰딸 인옥이의 다리가 불편해지고, 가장 사랑하고 병약한 둘째 인규가 죽자 동철이는 완전히 딴사람으로 돌변하며 폭력을 휘둘렀다. 원폭 때 다친 왼쪽 발뒤꿈치의 고질병으로 동철이의 다리가 절단되고 병원을 드나드는 바람에, 인옥의 중학교 학비는 밀리기 일쑤였다. 분희는 돈을 벌기 위해 미나리를 베어 생계를 유지하지만 턱없이 부족한 형편에 처한다. 잘 걷지 못하는 인옥은 우등생임에도 고등학교를 진학할 수 없었다. '살림 밑천'이라는 큰딸 인옥은 방적 공장에 취직해 산업체 부설고등학교를 다녔지만 결국 아픈 다리 때문에 공장과 학업을 그만두게 된다.

소아마비 환자처럼 몸 한쪽이 기울어진 듯 걷는 인옥은 방직 공장에서 만난 종수와 결혼하지만, 남편이 도박, 술, 바람, 폭력을 일삼고 더구나 뇌성마비 아들 진수가 태어나면서 힘겨운 나날을 보내게 된다. 어머니 분희와 판박이의 삶에 처한다. 그런 와중에 인옥은 둘째를 임신하고 장애아가 태어나면 어쩌나 하는 두려움에 소중한 아이를 낙태하려고 하지만 뜻대로 되지 않아 결국 둘째 진호를 낳는다. 건강한 아이였다. 남편 대신 생계를 위해 돈을 벌어야하는 상황 그리고 돈을 구해오지 않으면 죽인다는 난봉꾼 남편의 협박과 폭력에 시달리는 생지옥에서 인옥은 진수, 진호와 함께 죽으려고 한다. 하지만 해맑은 진수와 진호를 보면서 피를 토하는 울음 후에 "세상이 이기나 내가 이기나 한번 해보자"는 심정으로 살아보기로 결심한다.

분희와 인옥, 두 모녀의 삶은 원폭으로 어그러지고 망가진 인생이었다. 원수 같은 원폭으로 인해 병마와 장애, 잘못된 결혼, 폭력, 가난, 그리고 장애아를 낳은 생지옥의 삶을 체념한 채 살고 있었다.

기자 박동수 씨가 피폭자와 그 2세대, 3세대의 인터뷰와 이를 분석한 르포집『핵, 끝나지 않은 형벌』에는 원폭 2세대 조진아 씨의 인터뷰가 있다.

> "그동안 원폭 피해자 가정의 고통을 안고 오랫동안 참 힘들게 살아왔어요." 눈가로 눈물이 언뜻 비쳤다. 조 씨는 자신의 삶이 언제 터질지 모르는 시한폭탄을 안고 사는 사람처럼 조마조마한 삶이라고 했다. 부모들의 피폭 후유증이 언제 자신의 몸에 나타날지 모르기 때문이었다. (중략)
>
> "가장 큰 오빠는 49세에 암으로 세상을 떠났어요. 큰 오빠는 결혼 후 2남 3녀를 두었는데 5명 모두 콩팥이 안 좋아 수술을 받았고 당뇨와 고지혈증 등으로 고생하고 있어요. 아들 2명은 이빨이 녹아내리는 중병을 겪고 있고요"[13]

---

13 박동수(2013), 앞의 책, p. 56.

조진아 씨는 허리가 굽고 등이 나오는 증상과 함께 원폭 피해자 가정이 겪는 고통으로 늘 가슴이 뛰고 옥죄어 오는 심적 불안증세를 겪고 있었다.

원폭 1세대들이 외롭게 투쟁하는 60년 동안, 숨죽이는 침묵 속에 사는 원폭 피해자 2세대의 존재는 드러나지 않았다. 하지만 침묵을 깨고 2002년 3월 22일 한국청년연합회 대구지부 사무실에서 김형률이 원자폭탄 피해 2세임을 세상에 당당히 알리는 기자회견을 한다.

한국원폭(原爆) 2세환우(患友)들은 개인의 삶은 물론 가족 전체가 겪게 되는 정신적, 육체적, 물질적 고통을 온몸으로 견뎌내야 하는 현실 속에서 '원폭후유증'이라는 미증유의 질병으로 병마와 빈곤이 악순환되어 사회적으로 경제적으로 소외되어 자식된 도리, 형제된 도리, 인간된 도리를 다하지 못하며 살아가고 있습니다. 그리고 한국원폭 2세환우들은 사회적인 냉대와 편견, 차별 등 이·삼중의 사회적인 고통속에 놓여 있습니다. (중략) 원폭후유증을 전문으로 치료받을 수 있는 '원폭치료전문의료기관'의 부재 속에서 열악한 건강상태는 정상적인 생계활동을 가로막아 가족 전체의 빈곤으로 이어지는 극심한 '병고와 빈곤의 악순환'에 시달리며 육체적, 정신적, 경제적 고통 속에서 인권이 유린된 삶을 살아가고 있습니다.[14]

---

14 전진성(2008) 『삶은 계속되어야 한다』, 휴머니스트, p. 291.

김형률은 원폭 후유증으로 육체적, 정신적 장애로 인한 고통과
함께 정상적인 생계를 꾸리지 못해 빈곤에 빠진 경제적 고통, 그리
고 사회의 냉대, 편견, 차별 등 사회적 고통으로 말미암아 인간다운
삶을 누리지 못하고 있다. 여기에는 대물림된 원폭 2세의 '유전'을
인정하지 않아 감당하기 어려운 병원비로 가족 전체를 빈곤으로
내모는 현실이 존재했기 때문이다.

『흉터의 꽃』에서 인옥은 "왜? 왜? 왜?" 나만 이런 고통을 당하는
지 묻고 있다.

> 왜 나만 이런 고통을 당해야 하는가. 왜 내 자식만 저렇게 평생을
> 장애인으로 누워 지내야 하는가. 왜 우리 엄마는 저렇게 끔찍한 얼굴
> 로 평생을 죄인처럼 살아야 하는가. 왜? 왜? 왜? (중략) 아무리 질문
> 을 해보아도 답은 찾을 길이 없었다. 기껏 찾아낸 답은 병 때문이었다.
> 병과 가난은 쌍쌍둥이처럼 붙어서 떨어지지 않았다. 그냥 남보다 운
> 이 없어서였다고, 병약한 체질을 타고났기 때문이라고, 엄마 말처럼
> 전생에 지은 죄가 컸기 때문이었다고 체념하고 살아온 세월이었다.
> (pp. 430-431)

원폭 1세대의 육체적, 정신적, 경제적 고통과 가난이 원폭 2세대
에게 전가되는 상황에서, 원폭 피해 여성은 무차별성과 영속성을
갖고 대물림되는 질병, 빈곤, 차별, 냉대, 불행 등으로 침묵할 수밖
에 없는 서벌턴성을 내면화하였다. 그리고 운, 운명, 기구한 팔자
탓, 전생에 지은 죄 등으로 자신만의 개인적인 고통 안에 수렴하여

목소리를 낼 수 없었다. 숨죽이고 투명한 존재로 "폭력에 길들어져서 운명이라고 체념하는 사람들"이 구조화된 서벌턴성의 대물림을 낳고 있었다.

## 4. 역사의 주체되기: 원폭 피해자의 자기 존재 증명

2015년 11월 10일 『김미화의 시사카페』(KBS 창원)에서는 그해 9월 일본과의 치료비 전액 지급 소송에서 승소를 계기로, 원폭 1세대 심태진 합천원폭지부장과의 인터뷰를 진행했다. 김미화는 경남 합천이 '한국의 히로시마'로 불리고 원폭 피해자들이 많이 산다는 이야기를 처음 듣는다는 오프닝으로 시작했다. 심 지부장은 한국 정부의 방치를 말한다.

> "우리 원폭 피해자들은 사실 따지면 국적이 없어요. 국가가 국민을 보호해야 하는데, 보호를 하지 않았잖아요."[15]

국가로부터 철저하게 버려진 존재, 원폭 피해의 고통을 철저히 외면한 한국 정부, 국회, 정치권, 그리고 일본을 향해 질타했다.

『흉터의 꽃』에는 심 지부장이 2015년 5월 유엔 NPT(핵확산금지조

---

15 「한국의 히로시마를 아시나요? 원폭피해 1세 심진태」 『김미화의 시사카페』 KBS창원 2015년 11월 10일,
https://www.youtube.com/watch?v=vgABIr34g4U(검색일: 2023.3.5.).

약)에서 발표한 원폭 피해 관련 성명서가 게재되어 있다. 심 지부장
은 "한국인 원폭 피해자에 대한 인정, 조사, 사죄, 배상을 요구한
다!", "일본은 과거 침략 전쟁과 식민지 지배의 역사를 왜곡하는
짓을 중단하고 피해자들에게 사죄와 배상을 해야 한다", 미국은
"수십만 원폭 피해자들에 대한 원죄적 책임을 져야 한다. 미국은
70년이 지난 지금까지 사죄조차 하지 않"고 있음을 지적하고 있다.

소설가 정현재는 원폭 피해에 대해 일본뿐만 아니라 미국에도
그 책임을 묻는 부분을 의아해한다.

> "미국이 원폭을 안 던졌으마 죄 없는 우리 조선 사람들이 죽었겠능
> 교? 그라이께네, 원폭을 개발하고 던진 미국이 책임을 지야 되는 기
> 라, 한국을 식민지로 만들어 한국 사람들을 끌고 간 일본의 책임이 더
> 크지만 미국도 세계 최초로 원자폭탄을 개발하고 죄 없는 사람들 머
> 리 위에 던진 원죄에 대해서 사죄하고 배상을 꼭 해야 되는 기라요."
>
> (pp. 132-133)

심 지부장은 미국의 원죄를 언급하며, "원자폭탄은 선물", "하늘
에서 내려준 선물", "우리 민족을 해방시켜준 선물"로 생각하는
'원폭신화'를 신봉하는 정현재를 비롯한 세상에 대한 비판을 쏟아
내고 있었다.

이와 맞물려, 앞서 언급한 '원폭 2세 환우회'를 이끄는 김형률은
본명으로 『흉터의 꽃』에 등장한다. 2005년 5월 29일 35세의 나이
로 생을 마감한 김형률은 2002년 원폭 피해자 2세임을 당당히 커

밍아웃하면서 한국 사회에 반향을 일으킨 인물이다. 그는 원폭 피
해자의 병이 단순히 개인적인 불행이 아니라 역사적 사건으로 생
긴 질병임을 세상에 알린다. 정현재는 그의 발언들을 정리한다.

원폭 2세 환우들은 일제의 침략과 대량살상무기 핵무기를 사용한
미국이 만들어낸 역사의 피해자였다. 자신의 의지와는 상관없이 부
당한 국가권력과 국가의 폭력에 의해 생겨난 피해자였다. 원폭협회
에 소속된 원폭 1세들은 원폭 2세 환우회를 불편하게 생각했다. 원폭
1세들은 원폭 2세 환우회로 인해 원폭 후유증이 유전된다는 인식이
퍼져나가는 것을 두려워했다. 건강한 원폭 2세 자녀들이 받게 될 사
회적 불이익이나 차별 때문이었다. 피폭 2세 환자들은 원폭 2세 환우
라는 사실을 공개하기를 꺼렸다. 공개될 경우 유전병자로 낙인이 찍
혀 결혼과 취업 등의 사회생활에 지장을 받기 때문이었다. 특히나 미
혼인 원폭 2세나 3세 피해자는 원폭 피해자의 자녀라고 밝히는 것을
두려워했다. 건강한 피폭 2세들도 이 문제가 이슈화되는 것을 싫어했
다. 아프면 아프다고 외치는 것이 당연한데 왜 침묵해야만 하는지 그
는 도무지 알 수가 없었다. 그는 원폭 피해자들이 감수해야 했던 사회
적 차별이 그 원인이라고 생각했다. 한국의 원폭 피해자들은 일본 원
폭 피해자들과 달리 삼중고의 고통을 겪어야 했다. 식민지 백성으로
받아야 했던 차별과 고통, 피폭으로 인해 병든 몸과 경제적 곤궁과 주
변의 따가운 시선, 자식들이 받을 불이익에 대한 걱정으로 그들은 이
중 삼중의 고통을 받으며 살아왔던 것이다. (중략) 그는 고통을 겪어
본 사람만이 고통의 진가를 알 수 있으며 고통의 당사자들이 뭉쳐야

문제를 해결할 수 있다고 생각했다. 당사자인 원폭 환우 2세들이 직접 나서야 한다고 생각했다. (pp. 208-209)

김형률이 결성한 '원폭 2세 환우회'는 회원 2명에서 60명으로 늘었다. 김형률은 일본의 침략과 미국의 핵무기 사용이 국가 권력의 폭력이라는 점을 명확히 하고 있다. 또한 원폭 문제가 역사적 사건, 정치적 사건으로 생긴 질병임을 천명하고, 이제는 개인의 문제가 아니라 역사의 문제, 국가 간의 문제로 전환시키고, 국가가 나서서 해결해야 할 문제로 부상시킨다. 더 나아가 유전의 문제와 당사자주의를 거론하며 고통의 당사자인 원폭 환우 2세들이 직접 나서자고 촉구한다.

이러한 김형률과의 만남은 원폭 피해 2세대 인옥의 삶을 바꾸는 전기를 마련한다. 인옥은 "색도 없고 냄새도 없고 눈에 보이지도 않고 귀에 들리지도 않는 방사능이라는 괴물"의 정체와 "대물림되어 자식들의 생을 산산조각 내버린" 진실의 조각들과 마주하게 된 것이다.

정현재는 분희의 딸 인옥을 취재차 만나 부모에 대한 원망을 묻는다.

가여운 분들이라는 생각이 드니까 눈 녹듯 원망이 사라졌어요. 부모의 잘못이 아니라는 것을 알았으니까요. 억울하게 희생당한 분들이잖아요? 나라를 빼앗기지 않았다면, 원폭이 터지지 않았다면, 자식에게 가난도 병도 물려주지 않았겠죠. 아무것도 모른 채 역사라는 파

도에 휘말린 분들이잖아요? 억울하다고 하소연도 못하고 살아온 부
모님의 세월을 생각하면 기가 막혀요. 기막힌 세월을 살아낸 부모에
게 자식마저 원망의 칼을 겨눈다면 너무 가혹하지 않아요? 그런데 그
건 왜 물으시는지 궁금한데요? (p. 336)

　인옥은 '원폭으로 인한 유전'이라는 원폭 2세대, 3세대 개인의
문제가 아닌 역사적, 국가적, 사회적 문제로 인식하는 중요한 전환
점을 맞는다. 이는 질병과 가난, 불행, 이것들의 대물림이라는 '죄
의식'과 '억울함'으로 점철된 원폭 피해 여성의 운명적 정체성 깨
기의 시작이라고 볼 수 있다. 예를 들면, 대한민국 헌법 제10조에서
천명하는 인간으로서의 존엄과 가치, 행복할 권리, 헌법 34조의 건
강할 권리라는, 지금까지 누리지 못한 존엄, 명예, 영광을 되찾는
'더 글로리'[16]와 배상의 요구가 그것이다. 그리고 기본적 인권을 보
장받을 수 없게 만든 '나라를 빼앗긴 조국'의 책임, 일본의 식민지
지배와 침략 전쟁의 책임, 원폭을 투하한 미국의 원죄, 더 나아가
지금까지 책임을 방기한 조국 한국, 일본, 미국의 책임에 대한 반성
과 사죄 요구는 필수불가결한 요건이 될 수밖에 없다.
　『흉터의 꽃』에 재현된 김형률의 장례식에서, 원폭특별법 추진

16　김은숙 작가가 『더 글로리』의 제목에 담긴 의미에서 밝힌 것으로, 침묵하며 목
　소리를 내지 못하는 원폭 피해자들에게 대입해 본 것이다. 작가는 피해자들이
　가해자의 진심 어린 사과를 얻으려고 하는 것에 대해, 얻어지는 것을 생각하다
　가 폭력의 순간에 눈에 보이지 않는 것을 잃게 되는데, 이렇게 잃게 된 인간의 존
　엄이나 명예나 영광을 되찾는 것이 원점이고 시작이라는 뜻에서 '더 글로리'라
　는 제목을 붙였음을 밝힌 바 있다. 「<더 글로리> 제목에 담긴 의미」,
　https://www.youtube.com /shorts/UynAYgStIpE(접속일: 2023.3.3.).

연대회의 강주성 공동대표는 다음과 같이 말한다.

"당사자가 없으면 운동이 지속되지 않아요. 반핵과 인권은 관념이
에요. 반핵과 인권이 어디에 내재되어 있냐면 당사자들, 원폭 피해자
들이에요. 반핵 인권 운동에 원폭 피해자를 주인으로 세우고 함께 탈
핵과 인권 운동의 바통을 이어가도록 합시다." (p. 259)

이제는 고통의 원인인 원폭과 그 유전, 이로 인해 고통받는 당사
자 원폭 2세대 환우들이 나서서 '반핵 인권 운동'을 이어가자는 것
이다. 이는 '주인'으로 세우는 '역사의 주체 되기'라고 할 수 있다.

"자신들의 병이 원폭으로부터 비롯된 줄을 알지 못하는 원폭 2세
들이 부지기수였다. 건강한 자식들에게 피해가 갈까 봐 부모들이 원
폭 피해 사실을 말하지 않은 경우가 많았기 때문이었다. 마치 큰 죄라
도 지은 것처럼 피폭 2세라는 사실을 자신의 배우자에게까지 숨기는
사람도 허다했다. 인옥은 어둠 속에 숨어 그들의 간절한 목소리를 외
면할 수 없었다. 김형률이 인옥의 눈을 뜨게 만들어준 것처럼 그들이
눈을 뜨도록 도와주고 싶었다. 환우회의 활동 덕분에 상처와 고통을
부끄러워하며 숨기던 사람들이 상처를 용기 있게 드러내기 시작했다.
(중략) 상처를 드러내는 일이 상처를 치유하는 첫걸음이 되는 것임을
깨달았다" (pp. 441-442)

먼저, 역사적, 정치적 질병으로 규정된 원폭 후유증은 이제 그 상

처를 치유해야 하는 일이 남았다. 상처를 치유하려면 상처를 드러내고 대면해야 한다. 용기 있게 드러내고 공유하는 것이다. 여기에는 아픈 원폭 피해자 2세대뿐만 아니라 건강한 원폭 피해자 2세대가 고통과 상처를 드러내고 연대해야 함을 내포한다. 이는 원폭 피해자 2세대라는 자기존재의 증명이자 정체성을 깨닫는 순간이고, 역사의 주인, 역사의 주체가 되는 첫걸음인 것이다. 원폭 2세 환우회 회장으로 활발한 활동을 이어온 인옥의 노력에 힘입어, 현재 원폭 2세 환우회 회원은 1300여 명에 이른다. 하지만 이에 멈추지 말고 더 나아가 다른 사람, 인류 공감의 연대를 모색해야 할 시점에 이르렀다. 그렇지 않으면 당사자주의, 당사자성이라는 당사자 원폭 피해 2세대의 문제에 갇히는 게토화를 피할 수 없기 때문이다.

정현재는 앞서 언급했듯이, 원폭 피해자 진료증을 소유한, 고향이 히로시마인 아버지의 아들이자 외형에서 드러나지 않는 건강한 원폭 피해자 2세대이다. 실은 남들에게 알리지 않은 다운증후군 딸을 둔 아버지이기도 하다.

> 그녀에게 왜 그 사실을 말하지 못했을까. 내 아버지도 히로시마에서 태어나셨고 원폭 피해자입니다. 나도 원폭 피해자 진료증을 갖고 있는 원폭 피해자 자녀입니다. 내 아이도 다운증후군 환자입니다. 왜 그녀에게 밝히지 못했을까? (p. 335)

정현재는 인옥을 만났을 때 자신의 정체성을 밝히지 못했다. 원폭에 대해 잘 알지 못했던 때의 아버지에 대한 미움과 원망이 고향 합천과도 멀어진 이유였다. 더구나 "왜 아버지가 억울한 피해자였다는 사실을 받아들이지 못하는가"에서, 아버지가 술에 영혼을 팔고 산 세월을 원폭 탓으로 돌리지 싶지 않은 마음, 그리고 딸 채현이의 존재도 원폭이라는 근원적인 거부감에서 결국 원폭 피해 3세대로 인정하기 힘들었기 때문이다. 이러한 연유로 술로 도망간 아버지로부터 그리고 다운증후군 딸 채현이로부터 도망친 것이다. 오랜만에 찾은 합천에서 자신이 구경꾼이자 도망자였음을 깨닫는다.

> 채현이가 장애인 아이를 사귄다고 화난 거 아냐? 염색체가 하나 더 많든, 하나 더 적든 누구나 행복할 권리가 있어. 우리 딸이 장애인이라는 것. 그대로 인정하고 받아들이기가 그렇게 어려워? (중략) 아이의 현재를, 있는 그대로 받아들이는 것이 그렇게 어렵냐구? 현재가 있어야 미래도 있어. 우리 딸이 살아갈 미래도 있는 거야. 그리고, 당신 이름도 현재, 정현재잖아? (p. 339)

구경꾼과 도망자에서 이제 정현재가 원폭 피해자 2세대로서의 정체성을 인정하려고 한다. 현재는 자신과 아버지를 만나기 위해 히로시마를 방문하고 휴대폰을 꺼내 "회장님, 지금 히로시마입니다. 히로시마에서 태어난 저의 아버지는 원폭 피해자입니다. 저는 건강한 원폭 피해자 2세이지만 원폭 피해자 3세인 제 딸아이는 다운증후군 환자입니다. 다시 뵙겠습니다."로 소설은 마무리된다. 이는 아버지와의 화해, 딸과의 화해, 그리고 건강한 원폭 피해자 2세대로서의 동참과 연대를 의미하기도 한다. 다시 인옥과 만날 수밖에 없는 운명과 맞닥뜨린 것이다. 결국 정현재는 원폭 피해 1세대 아버지라는 과거의 인정, 그리고 원폭 피해 2세대라는 현재의 인정, 더 나아가 원폭 피해 3세대라는 미래의 인정으로 이어지는 역사 속에서 원폭 피해 2세대라는 역사의 주체로, 자기 존재를 증명할 수 있게 된 것이다.


## 5. 맺음말: 또 다른 폭력 그리고 기록, 역사의 딜레마

정현재는 처음 방문한 합천원폭피해자복지회관에서 본 끔찍한 화상 흉터를 가진 강분희 할머니의 인생을 몹시 궁금해했다. 그리고 취재를 요청하지만 강분희 할머니에게 거절당했다.

> "잘은 모르겠지만, 가장 끔찍한 트라우마 아니겠습니까? 조용하고 성격도 좋아 보살 할머니라고 불리시는 분인데, 원폭 당시의 이야기만 꺼내면 화를 내시더군요." (중략) 갑자기 찾아가서 다짜고짜 원폭 당시의 이야기를 들려달라고 하지 않았던가. 억지로 상처를 드러내게 만드는 것은 일종의 폭력일지도 모른다.(p. 15)

아무리 취재, 소설을 쓰기 위해서라지만 침묵의 집에서 유폐된 한평생의 상처와 고통을 다짜고짜 들려달라는 행위는 다시 한번 원폭의 무간지옥으로 내모는 잔인성을 띠는 까닭에 폭력일 수 있다. 1992년 노벨문학상을 수상한 오에 겐자부로는 『히로시마 노트』에서, 원폭 피해의 증언을 강요하는 사상가, 문학자로부터 침묵하는 "피폭자를 히로시마에 대해 침묵할 수 있는 유일한 권리를 가진 사람들"[17]이라며 저항의 한 형태로 인정했다. 반면, 베르나르 베르베르는 『문명』에서 "잊히는 것은 존재하지 않는 것이나 다름없고, 이야기를 한다는 것은 대상에 불멸성을 부여하는 일"[18], 기억과 역사를 만드는 일이 될 수 있음을 말한다. 과연 침묵의 주체가 되느냐, 역사의 주체가 되느냐는, 오로지 원폭 피해자의 선택의 몫이다. 그러면 우리는 폭력이 되지 않게 어떻게 그들이 스스로 내는 목소리를 들을 수 있을까? 라는 문제에 봉착한다. 왜냐하면 침묵은 원폭, 핵무기의 무차별성과 영속성에서 기인하는, 대물림되는 구조화된 서벌턴성에서 벗어날 수 없고, 가해자가 피해자로 둔갑하는 현실도 막을 수 없다는 점에서, 그들에게 끊임없이 스스로 목소리를 낼 수 있도록 말을 걸고 기꺼이 들을 준비를 해야 하기 때문이다.

며칠 후 정현재는 사무국장에게서 강분희 할머니가 모든 걸 털어놓고 싶으시다는 전화를 받는다. 강분희 할머니의 70년 동안 유폐되었던 고통의 역사가 침묵을 뚫고 목소리가 된 것이 『흉터의 꽃』이다.

"젊은 양반, 책 만든다 캤지요? 내가 이 가슴속에 들어앉은 쇳덩이

---

17  오에 겐자부로 저, 이애숙 역(2012)『히로시마 노트』, 삼천리, p. 11.
18  베르나르 베르베르 저, 전미연 역(2021)『문명』, 열린책들, p. 14.

같은 거를 토해낼라꼬 마음묵은 거는 바로 우리 딸 때문이라요."

"따님이라면 박인옥 씨 말씀인가요?"

"내는 팔자다 하고 살았지만"

우리 딸이 앞으로 사는 시상 돌덩이 하나 치워주고 가야 안 되겠나 싶었다 아인교? (중략) 원폭을 맞은 사람들이 울매나 원통하게 살왔는지 쪼매라도 알리는 게 안 낫겠나 싶었다 아인교? 우리 겉은 사람들 살날이 인자 울매 남았겠능교? 인자는 살은 사람들 이야기, 살아갈 사람들 이야기를 해야지." (pp. 288-289)

"숭악한 이야기를 한다꼬 뭐가 달라지겠노", "내는 팔자다 하고 살았지만" 후손을 위해 책으로 '쪼매라도 알리는 게 낫'지 않겠냐는 생각에서다. 이는 현재를 살아가는 원폭 피해자 2세대, 그리고 미래를 살아갈 원폭 피해자 3세대를 위해, 원폭, 핵무기라는 과거에 묶여 있던 고통의 사슬, 잔인한 대물림의 사슬을 끊고 '역사의 주체 되기'에 첫발을 내딛는 순간이다. 더 나아가 미래 인류의 잠재적인 원폭 피해자를 끊어내는 것이기도 하다. 반핵, 탈핵, 반전(反戰)은 사람다운, 건강한, 행복한 삶을 위한 것이다. 이러한 원폭 피해자가 '역사의 주체 되기' 작업은 이치바 준코의 '다음 세대에 전하고 싶은 소원'과 맞닿아 있다. 원폭 피해의 증언과 그 증언을 알리는 작업은 "원폭 피해자가 입은 피해를 회복시키기 위한 처방전"이며, "침략도 핵무기도 없는 세상을 만들기 위한 처방전"[19]이다.

---

19  이치바 준코(2005)『고통의 역사』, 선인, p. 412.

더 나아가 현재와 미래의 잠재적 원폭 피해자가 될 수 있는 우리, 인류를 위한 처방전이기도 하다.

'유일한 피폭국 피해자 일본'이라는 프레임은 가해자를 피해자로, 유일한 피폭국 일본을 제외한 한국의 원폭 피해자를 잊게 만들고 있다. 본 논문은 원폭 피해자가 역사의 주체가 되도록, 이들의 고통의 삶이 역사가 되도록, 역사에서 당사자성에 고립된 합천 원폭피해자복지회관의 원폭 피해자처럼 게토화되지 않도록, 그들의 목소리를 귀 기울여 듣는 인류의 '듣기 공동체'의 형성과 연대, 그 연대의 확장을 기대해본다.

| 참고문헌 |

김옥숙(2017)『흉터의 꽃』, 새움출판사.

박동수(2013)『핵, 끝나지 않은 형벌』, 한들출판사.

오에 겐자부로 저, 이애숙 역(2012)『히로시마 노트』, 삼천리.

이정희(2020)「한국의 원폭문학 고찰―『흉터의 꽃』을 중심으로―」『國際言語文
        學』제46호, 국제언어문학회.

이치바 준코 지음, 이제수 옮김(2003)『한국의 히로시마』, 역사비평사.

_____(2005)『고통의 역사』, 선인.

이행선(2018)「한국인 원폭 피해자의 증언과 서사, 원폭문학: 김옥숙,『흉터의
        꽃』(2017)」『기억과 전망』39호, 한국민주주의연구소.

전진성(2008)『삶은 계속되어야 한다』, 휴머니스트.

베르나르 베르베르 저, 전미연 역(2021)『문명』, 열린책들.


市場淳子(2011)「朝鮮半島出身の原爆被害者に対する日本の戦争責任」『戦争責任
        研究』第73号, 日本の戦争責任資料センター.

堀川恵子(2015)「ヒロシマ文学を世界遺産に」『文学界』, 文藝春秋.

ジョン・W.トリート著, 水島裕雅 外訳(2010)『グラウンド・ゼロを書く：日本と原爆』, 法
        政大学出版局.


「<더 글로리> 제목에 담긴 의미」,
        https://www.youtube.com/shorts/UynAYgStIpE(접속일: 2023.3.3.)

「왜 합천인가?」『합천원폭자료관』,
        https://hcwp1945.wixsite.com/hcwp1945(검색일: 2023.3.15.)

「한국의 히로시마를 아시나요? 원폭피해 1세 심진태」『김미화의 시사카페』
        KBS창원 2015년 11월 10일,
        https://www.youtube.com/watch?v=vgABIr34g4U(검색일: 2023.3.5.)

「꽃잎보다 약한, 핵폭탄보다 강한『흉터의 꽃』김옥숙 작가 인터뷰」『채널예스』
        2017년 5월 23일, http://ch.yes24.com/Article/View/33459(검색일: 2023.
        3. 2.)

제7장

# 한일 서벌턴의 도박중독과
# 국가권력의 미필적 고의

금 영 진

## 1. 머리말

본고에서는 도박중독자들을 서벌턴(Subaltan)[1]의 범주에 포함하여
한일서벌턴의 도박중독 문제와 국가의 미필적 고의, 그리고 그 한

---

1 서벌턴의 사전적 의미는 여성이나 노동자, 이주민과 같이 권력의 중심에서 배
제되고 억압을 당하는 사람. 또는 그런 무리를 뜻한다. 탈식민주의 학자 가야트
리 스피박의 개념으로, 원래는 하위 주체를 의미하나 점차 제3 세계 여성 등 권
력에서 소외된 다양한 소수 집단, 계층을 포괄하는 개념으로 쓰이게 되었다. 본
연구에서는 그 정의를 넓게 잡아, 빈곤층, 노인, 성 소수자, 장애인, 외국인 등 사
회적 약자와 소수 집단 전반을 포괄하는 비고정적, 상대적인 광의의 개념으로
넓게 사용한다. 금영진(2020) 「한일 일용직 노동자 주거공간에서의 사건 사고
를 통해 본 주거 빈곤 서벌턴 문제와 그 대책」『일본연구』 vol.85, pp.45-67.

일 도박중독 책의 문제점과 그 대안에 대해 논하고자 한다.

도박중독자가 과연 서벌턴의 범주에 속하는가 하는 문제에 대해서는 연구자에 따라 견해가 다를 수 있지만, 도박중독자 뒤에는 인산의 허황한 욕심을 부추기며 기생하는 자들이 있고, 거기에는 도박을 합법적으로 허용한 '국가'도 물론 포함된다. 그리고 도박중독자들은 그 미끼를 덥석 문 물고기에 지나지 않는다고 필자는 생각한다. 필자가 도박중독자들을 서벌턴으로 분류하는 또 다른 이유는, 그들이 자기 스스로는 결코 도박중독에서 벗어날 수 없는 뇌병변 환자라는 점 때문이다.

도박중독의 의학적 병명은 '충동 조절 장애(질병사인 분류 코드 번호 F63.0)'이다. 도박은 반복을 전제로 하기에 중독성이 무척 강하며 도박을 못 하면 불안하고 우울해지거나 손 떨림 등 금단현상이 일어나 결국 다시 도박을 반복하게 된다. 일본에서는 흔히 '도박 의존증(ギャンブル依存症)'이라고 부르며 의학적으로는 '습관 및 충동 장애(習慣および衝動の障害)'라 부른다. 세계보건기구에서는 '병적 도박(Pathological gambling)'으로, 미국 정신의학회에서는 '도박 장애(Gambling Disorder)'로 분류한다.[2]

우리나라의 사행산업통합감독위원회(사감위)가 2018년에 발표한

---

2  国際的な疾病分類である世界保健機関による疾病及び関連保健問題の国際統計分類の第10版(International Statistical Classification of Diseases and Related Health Problems : ICD-10)の「病的賭博」, 米国精神医学会によるDSM-5 (Diagnostic and Statistical Manual of Mental Disorders) の「ギャンブル障害」久里浜医療センター(2021)『「ギャンブル障害およびギャンブル関連問題の実態調査」報告書』令和2年度(2020年), ギャンブル等依存症実態調査研究事業, p.6.

한국인 성인의 도박중독 유병률은 5.3%로 호주의 3.5%(2017년), 영국의 2.5%(2017년), 캐나다의 1.8%(2014년)보다 꽤 높은 수치이다.[3] 하지만, 조사에 이용된 CPGI(Canadian Problem Gambling Index) 척도 방식의 경우, 중위험 도박자를 병적 도박중독자로 잘못 판단하는 허위 긍정률이 높아 유병률을 실제보다 과다하게 추산하는 문제점이 있다.[4] 중위험 도박률을 제외한 병적 도박(문제 도박)만 따로 집계하면 한국과 호주가 1.1%, 영국이 0.7%, 캐나다가 0.4%로 4분의 1 정도 낮아진다.

한편, 일본 후생 노동성이 2021년 8월 27일에 발표한 실태조사에 의하면, 일본인의 경우 SOGS(South Oaks Gambling Screen)척도 조사에서 성인의 약 2.2%가 도박중독 문제를 안고 있는 것으로 밝혀졌는데, 이를 일본 인구로 환산하면 약 196만 명에 달한다. 남성(3.7%)이 여성(0.7%)보다 약 5배 이상 더 많으며, 남성은 주로 파치 슬롯을, 여성은 파친코를 선호하는 것으로 나타났다.[5] 연령대로는 40대 이

---

3 사행산업통합감독위원회(위원장 강원순)가 2018년 한국갤럽에 의뢰해 국내 사행산업 이용실태를 조사한 결과, 우리나라의 만 20세 이상 성인의 도박중독 유병률은 5.3%인 것으로 나타났다. 이번 조사는 2018년 7월부터 8월까지 전국 만 20세 이상 12,000명을 대상으로 국제적으로 통용되는 CPGI(Canadian Problem Gambling Index) 척도를 사용하여 면접 설문조사로 진행되었다.

4 CPGI 척도에서 문제성 도박 비율이 9.5%가 나왔지만, K-NODS 척도로 조사한 결과 3.0%가 나왔다. 한영옥(2013)「한국은 정말 도박 공화국인가?」이흥표 외『파스칼의 내기, 도박의 유혹－도박의 이해와 치료－』, 학지사, pp.65-97.

5 調査はギャンブル依存症対策基本法に基づき、2020年10～12月に実施。ギャンブルをめぐり、依存など何らかの問題を過去1年間に抱えた人が、18～74歳の2.2%に上ると推定されることが27日、厚生労働省の実態調査で分かった。人口に換算すると約196万人に相当すると考えられる。無作為抽出した18～74歳の1万7,955人にアンケートを行い、8,223人から回答を得た。ギャンブル依存などの可能性がある人を国際的な基準で抽出し、実際の年齢層に合わせて分析した結果、全体では2.2%

상의 중장년층이 압도적으로 많았으며 습관적으로 도박을 하게 된 연령대는 남성의 경우 10대(24.8%)와 20대(52.1%)였을 때가 많았고, 여성의 경우 20대(45.4%)와 30대(18.8%)였을 때가 많았다.[6] 다만, PGSI (The Problem Gambling Severity Index) 척도로 조사한 유병률은 1.6%로 SOGS 수치 2.2%보다 다소 낮았으며, 따라서 이를 우리나라의 유병률과 그대로 단순 비교하기는 곤란하다.

한편 한국의 경우, 과거에는 카지노나 파친코 업소, 경마장 등을 직접 찾아가는 경우가 일반적이었지만, 요즘은 온라인 도박이 많아진 추세이다. 한국 도박 문제 관리센터가 발표한 「2020년도 도박 문제 인구학적 통계」에 의하면, 여러 도박 중 '온라인 도박중독'이 76%를 차지할 정도로 많았으며, 성별로는 '남성', 연령대로는 '2030 세대'가 상대적으로 많았다.[7] 또, 경찰청의 2020년도 사이버 도박 범죄 현황 통계에 의하면, 불법 도박 발생 건수는 스포츠 토토

---

(175.6人)に上った。男性は3.7％(149.3人)、女性は0.7％(26.2人)で、最もお金を使ったギャンブルは男性がパチスロ、女性はパチンコだった。「時事ドットコムニュース>社会>成人の2％、ギャンブルで問題か依存症対策法で厚労省推計」『時事通信』(2021.8.27), https://www.jiji.com/jc/article?k=2021082700755&g=soc(검색일: 2022.6.1.).

6　松下幸生(2020)「令和2年度ギャンブル障害およびギャンブル関連問題の実態調査」報告書, 独立行政法人国立病院機構久里浜医療センター, pp.27.
　　https://www.ncasa-japan.jp/docs(검색일: 2022.6.1.).

7　카지노 258건, 경마 54건, 경륜 16건, 경정 8건, 복권 35건, 스포츠 도박 240건, 카드 400건, 화투 81건, 성인 오락실 91건, 주식 591건, 투견·투계 1건, 온라인 도박 6,126건, 기타 140건으로 총 8,041건이 보고되었다. 성별은 남성 5,661건, 여성 212건이었으며, 연령대는 19세 이하가 381명, 20대 1,895명, 30대 2,096명, 40대 1,035명, 50대 310명, 60대 139명, 70세 이상 17명이었다. 한국도박문제관리센터(2021) 「사행산업 또는 불법 사행산업 인한 중독 및 도박문제와 관련한 인구학적 통계」, 공공데이터포털,
　　https://www.data.go.kr/data/15012880/fileData.do(검색일: 2022.6.1.).

3,222건, 경륜, 경마, 경정 332건, 카지노 429건, 사이버 도박 1,709건으로, 스포츠 시합의 승패나 득점을 맞추는 스포츠 토토가 가장 많았으며 연령대로는 역시 20대(33.6%)와 30대(32.8%)가 많았다.[8]

필자는 과거, 도박중독은 어디까지나 본인 책임이며 자업자득이라는 비판적 관점에서 도박중독자들을 바라봤다. 하지만, 그들이 스스로 아무리 도박을 끊으려 해도 끊지 못하는 뇌 병변 환자라는 사실과 더불어, 국가가 허용한 합법적 도박을 통해 누군가는 도박에 중독될 수도 있다는 사실을 뻔히 알면서도 이를 허용한 국가권력의 미필적 고의에 대한 책임은 제쳐 놓고 도박중독의 모든 책임을 전적으로 그들에게만 물을 수 있는지 의문을 품게 되었다.

이에 본고에서는 서벌턴의 도박중독에 대한 국가권력의 미필적 고의와 책임 문제에 대해 검토함과 동시에 우리와 상황은 다르지만 이미 파친코 도박중독 문제로 홍역을 치른바 있는 일본의 도박중독 대책의 문제점을 교훈 삼아, 우리나라 상황에 맞는 새로운 예방대책을 제안하고자 한다.


## 2. 도박중독 서벌턴과 국가권력의 미필적 고의

도박중독자들은 최초로 하게 된 도박에서 '초보자의 행운(Beginner's luck)'을 경험하는 경우가 많다.[9] 한국인의 도박중독과정을 조사한

---

8  경찰청통계, https://www.police.go.kr/user/search/ND_searchResult.do(검색일: 2022.6.1.).

선행 연구에서도 3만 원이 60만 원이 되고, 만 원이 70만 원이 되는 '초보자의 행운'을 경험한 도박중독자들의 사례가 역시 보고되고 있다.[10] 해당 연구에 의하면, 분석 대상자 33명 중 23명이 첫 도박에서 돈을 따고, 10명이 돈을 잃었는데, '초보자의 행운'을 경험한 사람들은 이때 도박에 빠질 수밖에 없는 강렬한 감정을 경험하게 된다고 한다.[11] 도박중독자의 재활을 돕는 후쿠오카(福岡)의 그룹홈, 로이스 후쿠오카(ロイス福岡)에서 생활하고 있는 30대 남성은 18세 때 직장 선배를 따라가 처음으로 슬롯머신을 했을 때 5천 엔이 30만 엔이 되는 '초보자의 행운'을 경험하게 된 것이 도박중독의 계기였다고 한다.[12] 당시 그의 한 달 급여가 16만 엔이었으니 몇 시간 만에

9  초보자의 행운이란, 어떤 일을 처음 시작하는 초보자가 그 분야의 유경험자나 실력자보다 오히려 좋은 성과를 내는 경우를 말한다. 속된 말로 '첫 끗발'이다. 흔히 '초심자(初心者)의 행운'으로 번역되지만, 이는 일본어식 직역이기에 본 논문에서는 '초보자의 행운'으로 칭하기로 한다. '초보자의 행운'은 특히 도박에서 초보자를 과몰입 내지는 중독되게 만드는 마중물 역할을 하는데, 실제로 도박을 처음 시작했을 때 '초보자의 행운'을 체험하는 경우가 적지 않다.

10  첫 도박에서 돈을 딴 기억은 "00경마장을 놀러 간 적이 있었어요. 여자 친구하고 3만 원인가 찍었는데 60만 원인가 맞은 것이었어요.(17번 사례, 이하 본문 중 번호만 제시함)", "가자마자 만원에 70만 원짜리 맞았으니까(4번)", "백날 살림만 하다가 40만 원 버니까 웬 돈인가 싶었죠. (6번)" 이경희 외(2011) 「도박이용자의 도박중독과정에 대한질적연구」『한국심리학회지: 건강』Vol.16, No.1, 한국심리학회, pp.189-213.

11  강렬한감정: "세상에서 이런 것도 경험할 수 있구나." 처음 도박을 접하고 나서의 감정은 스릴, 강렬한 흥분, 재미 같은 것들이다. 특히 초기에 기대 이상의 돈을 딴 경험을 보고한 참여자를 중심으로 희열 등의 강렬한 감정과 재미 등의 긍정적 정서를 보고하였다. 재미, 희열, 흥분감 등의 강렬한 긍정 정서를 경험한 사람들은 33명 중, 27명으로 압도적으로 많았다. 일반적으로 사람들은 도박을 시작하며 게임의 재미와 돈을 잃고 따는 아슬아슬한 희열, 그리고 "도박판에 있는 돈이 모두 내 것이 될 것 같은 흥분(6번)", "딸 때의 말초신경을 자극하는 쾌감(11번)" "돈을 따는 재미, 스릴, 무슨 마약 같은데 빠져드는 기분(13번)" 등을 강렬하게 경험하였다. 이경희, 상게서, pp.189-213.

12  政府の2017年度全国調査によると、依存症経験が疑われる人は推計320万人。依

두 달 치 급여를 번 셈이다.

하지만 그렇다고 첫 도박에서 돈을 잃은 사람이 도박에 빠져들지 않는 것도 아니다. 잃은 돈을 회복하고자 하는 본전 생각과 자신도 남들처럼 큰돈을 딸 수 있으리라는 막연한 기대심리가 그들을 다시 도박으로 이끄는 것이다. "도박을 한 번도 안 해 본 사람은 있어도, 도박을 한 번만 한 사람은 없다."라는 말은 틀린 말이 아니다.

도박중독자들은 점차 베팅하는 액수가 커지면서 따는 액수와 잃는 액수의 단위가 큰, '더 센' 도박으로 옮겨가게 되는데, 그 이유는 이미 수백만 원을 따거나 잃을 때의 쾌감과 흥분에 익숙해져 버린 뇌가 이제는 오만 원, 십만 원을 따거나 잃는 '덜 센' 도박에는 여간해서는 흥분되지도 않고 재미도 없기 때문이다. 이는 마치 고속도로에서 시속 110km로 달리다 톨게이트를 막 빠져나와 제한 속도 70km의 국도를 달릴 때의, 운전자라면 누구라도 경험해 본 적이 있는 '답답하고 느린 속도감'과도 흡사하다. 저위험 도박은 위험성은 비록 낮지만, 점차 더 센 도박으로 옮겨가는 관문 효과를 발휘한다는 점에서 문제가 된다.

도박에 중독되는 단계는 크게, 승리-손실-절망-포기의 4단계

---

存症の人らが共同生活をしている福岡市のグループホーム「ロイスふくおか」に入居している男性(32)も、その一人だ。「初めてしたスロットで、5千円が30万円になったんです」。男性は18歳のとき、当時の職場の先輩に誘われて行ったスロット店でギャンブルにはまった。当時の給料は月16万円。「短時間でこんなにお金が手に入るのか」。半年後には毎日閉店まで1人で打ち続けるようになった。「西日本新聞me 九州ニュース福岡 ギャンブル依存 傷深く借金、犯罪 語り向き合う福岡市のリハビリ施設」『西日本新聞』(2019.10.8.), https://www.nishinippon.co.jp/item/n/549388/(검색일: 2022.6.1.).

로 구분된다. 초기의 승리단계에서는 '초보자의 행운'으로 돈을 따는 경우가 많지만, 도박은 하면 할수록 반드시 돈을 잃게 되는 구조이기에 베팅 액수가 커진 만큼 나중에는 한 번에 잃는 액수도 그만큼 커지게 된다.

두 번째의 손실 단계가 되면 어느 순간부터 잃는 횟수가 많아지고 손실 액수도 무서우리만치 커진다. 그리고 이때 본전까지 잃게 되면 대개는 남한테 돈을 빌려서라도 한꺼번에 잃은 돈을 전부 만회하려 한다. 하지만 그 돈마저 잃게 되는 경우가 대부분이며, 도박중독자는 이제 본전뿐만 아니라 빌린 돈까지 한꺼번에 회복하기 위해 또 돈을 빌리지만, 애초에 도박으로 도박 빚을 갚는 것은 불가능한 일이다.

세 번째의 절망 단계에 접어든 도박중독자는 더는 도박 빚을 감당하지 못해 가족들에게 고백하고 도움을 요청한다. 가족들은 두 번 다시 도박하지 않겠다는 맹세를 믿고 도박 빚을 갚아 주지만 이는 도박자금을 대 주는 것이나 마찬가지이다. 왜냐하면 단도박(斷賭博)은 결코 오래 가지 못하고 대개 다시 재발하기 때문이다.

전문가들 사이에서 도박중독이 '90일 병'이라 불리는 이유는, 인간의 의지만으로 일시적으로 도박을 멈출 수 있는 최대 기간이 평균 석 달이기 때문이다. 즉, 도박 욕구가 다시 올라가고 조심성이 내려가는 시기(잠복기)에 이미 재발은 시작되었다고 보며, 두 감정 곡선이 골든 크로스를 이루는 순간(90일) 이후부터는 환경만 조성되면 조건 반사적으로 마치 귀신에 홀린 듯 도박을 하게 된다. 단도박을 시작한 지 1년째와 1년 반 무렵 재발이 특히 많은 이유는 도박

욕구가 다시 주기적으로 상승하는 급성기에 그만 긴장의 끈을 놓고 도박하기 쉬운 환경에 자신을 노출했기 때문이다.[13] 그리고 이러한 높은 재발률은 도박중독이 인간의 의지만으로는 결코 해결될 수 없는 뇌 병변 질환이기 때문이다.[14]

도박중독과 뇌와의 연관성에 대한 지금까지의 연구 결과를 보자면, 도박할 때 뇌에서는 쾌감을 담당하는 도파민 물질이 과도하게 분비되고, 이어서 몸의 흥분을 가라앉히는 코르티솔이 연쇄적으로 과도하게 분비된다고 한다. 그리고 이러한 과정이 계속 반복되게 되면 단기적인 보상을 억제해왔던 뇌의 보상체계에 이상이 발생하게 되어, 기억된 강렬한 쾌감을 얻기 위한 신경전달기능의 변화와 새로운 회로의 생성이 고착되고 만다는 것이다.[15]

---

13 신영철 외(2020) 『어쩌다 도박』 정신건강 의학 시리즈 01, 블루 페가수스, pp.190-216.

14 理性の脳と呼ばれる前頭前野の働き(ブレーキの役割)が悪くなる。刺激に対して脳が過剰に反応する。報酬に対する反応が低下する(報酬欠乏状態)。例えばギャンブルの場合、多少の額の勝ちでは満足できなくなる。負けても大きな問題として捉えなくなる。厚生労働省(2018)「ギャンブル依存症の理解と相談支援の視点」, 厚生労働省社会・援護局 障害保健福祉部　精神・障害保健課 依存症対策推進室, p.6.
https://www.mhlw.go.jp/content/12000000/000777690.pdf(검색일: 2022.6.1.).

15 具体的には、「脳の報酬系」の異常がカギとなるが、これはドーパミン伝達物質を用いた行動が目的を達成すると快感をもたらすシステムであり、「脳の報酬系のメカニズムとは、本来、短期的な快楽や報酬を得ようとするのが前提となっているが、教育によって、我慢することにより多くの報酬を得ることを自覚する。短期的な快楽や報酬よりも、長期的な快楽や報酬を得ようとする」ようにプログラミングされている。福井弘教(2017)「＜研究ノート＞日本におけるギャンブル依存症患者に関する一考察─依存症患者の脳機序に着目して─」『技術マネジメント研究』16, 横浜国立大学技術マネジメント研究学会, pp.25-37. コントロール障害は、脳神経ネットワークないし、神経伝達機能に変化が生じ、新たな回路の発現の結果で不可逆な変化である。つまり、依存症は寛解状態(症状緩和)を示すことはあっても、完治はせず、容易に再発する症状である。再発に至るメカニズムは、ストレスが蓄積し、それが解消されず、衝動へのエネルギーとなったときである。姫井昭男(2016)「ギャンブル依存症とその近縁依存症の

도파민이 부족해서 발생하는 파킨슨병 환자의 치료를 위해 전두엽에 관여하는 도파민 계열 물질을 투여했더니 환자가 병적 도박 증세를 보이다 투여를 중단하자 증세가 사라졌다는 연구 결과, 그리고 일반적인 미국인의 병적 도박유병률이 0.42%인데 반해 도파민 계열 약물을 투여받고 있는 파킨슨병 환자의 병적 도박유병률이 6배에 가까운 2.3% 이상이라는 연구 결과는 도박중독이 뇌 병변임을 방증한다.[16] 파블로프의 개 조건반사 실험이나 신 귤을 보면 자기도 모르게 침이 나오는 것처럼, 돈만 생기면 마음이 평화로워지며 자신의 의지와는 무관하게 조건 반사적으로 도박을 하게 되는 것이다. 도박중독이 완치되지 않는 재발성 정신 질환인 이유이다.

그리고 마지막이 포기 단계이다. 도박중독자의 반복되는 거짓말과 도박 빚은 가족관계를 악화시키고 자신을 더욱 고립시킨다. 도박 빚으로 인한 가족과의 갈등과 이혼, 신용불량과 개인파산을 겪으면서 도박중독자는 만성적인 우울증과 분노 조절 장애를 겪게 되고 그 끝은 자살 또는 각종 범죄이다.

---

実態と支援」『市民と法』no.97, pp.70-75. また、京都大学のグループによれば、ギャンブル依存症の患者は、状況によって許容できるリスクの大きさを柔軟に切り替えることに障害があり、不必要な状況でも大きなリスクを取りにいく傾向があった。機能性MRIの検討では、患者は前頭葉の一部である背外側前頭前野と内側前頭前野の結合が弱いことが明らかになったという(TranslationalPsychiatry Apr 2017)。要するに、ギャンブル依存症は局在する脳病変による可能性があるのだ。
https://www.osaka.med.or.jp/doctor/doctor-news-detail?no=20170830-2830
-5&dir=2017(검색일: 2022.6.1.).

16 鷲田和夫 他(2009)「ドーパミンアゴニストで病的賭博を呈した1例」『日本内科学会雑誌』98巻1号, pp.147-149.

2020년의「도박중독이 의심되는 자에게 있어서의 도박 관련 문제(다중채무, 빈곤, 학대, 자살, 범죄 등)에 관한 일본 후생성의 통계 조사에 의하면, SOGS 점수가 5점 미만인 일반인의 경우 평생에 자살을 생각해 본 적이 한 번이라도 있는 경우가 22.2%였지만 5점 이상인 도박중독자의 경우 거의 두 배에 가까운 39.9%였다. 또, 실제로 자살을 기도한 경험 역시 일반인의 경우가 2.8%인데 반해 도박중독자는 5.6%로 두 배였다. 즉 도박중독자가 일반인보다 2배 이상 자살할 가능성이 큰 것이다.[17] 실제, 도박중독과 자살의 연관성은 2000년 10월에 강원랜드가 들어선 이후 강원도 정선 지역의 자살률이 도내 다른 지역보다 훨씬 높아진 사실로도 알 수 있다.[18]

가장이 어린 자녀들을 살해하고 스스로 목숨을 끊는 비극적인 사건 역시 도박중독으로 인한 도박 빚 문제가 얽혀 있는 경우가 많다. 2022년 4월 5일, 남편의 도박 빚으로 불화가 쌓여 별거, 홀로 자녀를 양육하고 있던 한 40대 여성이 초등학생 아들 2명(8세·7세)의 목을 졸라 잇따라 살해한 사건이 발생했다. 동반자살 시도가 미수

---

17 「令和2年度 依存症に関する調査研究事業「ギャンブル障害およびギャンブル関連問題の実態調査」報告書 概要」, pp.94-97.

18 강원도자살예방센터 통계에 따르면 2014년 정선군의 10만 명당 자살률은 무려 61.8명으로 강원도 17개 시·군 가운데 1위를 기록했다. 가장 낮은 태백시(10.5명)의 6배에 가까운 수치다. 정선군은 2007년에도 70.6명으로 1위, 2009년(58.6명) 3위, 2010년(79.2명) 2위 등으로 꾸준히 높은 자살률을 기록하고 있다. 2007~2014년 8년간 평균도 57.6명으로 인접한 영월군(59.1명)에 이어 2위를 차지했다. 발생지를 기준으로 하는 경찰 통계에서도 정선군은 2011년 17명으로 군 단위 10개 경찰서 가운데 6위였으나 2013년 41명으로 급증, 1위를 기록한 데 이어 2014년에는 37명으로 2위를 기록했다. 「폐광촌 살리려 강원랜드 만들었는데…정선 자살률, 태백의 6배」『매일경제』 2016.5.9., https://www.mk.co.kr/news/society/view/2016/05/330829/(검색일: 2022.6.1.)

에 그쳐 자수한 피의자는, 이자가 연체돼 집까지 압류당하고 남편과 연락도 닿지 않자 잠을 이루지 못할 정도로 불안해한 것으로 알려졌다.[19] 도박중독으로 인한 도박 빚이 가족 해체와 자녀 살해로까지 이어진 것이다.

도박중독이 끔찍한 살인사건으로 발전하게 되는 경우도 대부분이 도박 빚 때문이다. 1980년 11월 13일에 서울에서 발생한 이윤상 군(당시 중학교 1학년) 유괴 살인사건은 이윤상 군이 다니던 중학교의 체육 교사 주영형이 카드(포커) 도박 빚을 갚기 위해 저지른 범행이었다.[20]

그리고 도박중독자들의 경우, 상시적인 우울증과 분노조절 장애를 겪기에 그만큼 우발적 범죄에 취약하다는 문제점도 있다. 2011년 8월에 범행이 드러난 오사카 토막살인사건(大阪切斷遺体一斗缶事件)은 파친코 중독으로 인해 약 400만 엔의 도박 빚을 지게 된 남편이 아내와 장남을 살해, 사체를 토막 내어 18리터 들이 사각 드럼통에 유기한 끔찍한 사건이다.[21] 그러고 보면, 1994년 5월 19일에 발생한

---

19 「남편 도박 빚에 아들 둘 살해한 엄마 "나도 따라 죽으려…"」, 『중앙일보』, 2022.4.8., https://www.joongang.co.kr/article/25061912(검색일:2022.6.1.).

20 서울대 사범대학 체육학과를 나오고 ROTC 장교로 전역한 엘리트 체육 교사가 제자를 유괴하고 살해한 이유는 도박중독으로 인한 도박 빚 때문이었다. 1983년 7월 9일 사형이 집행될 때 주영형은, "자기를 파멸시킨 것은 사회생활 하면서 맛 들인 카드놀이였다."라는 말을 마지막으로 남겼다. 이청준의『벌레 이야기』와 영화『밀양』, 『친절한 금자씨』의 모티브가 되기도 했던 이 사건에서 도박중독이 도박 빚으로, 도박 빚이 유괴 살인 범죄로까지 이어지는 악순환을 확인할 수 있다. 「1981년 이윤상 군 살해 주영형 검거」, 『동아일보』, 2007.11.30., https://www.donga.com/news/article/all/20071130/8517653/1(검색일: 2022.6.1.).

21 범인 후지모리 야스타카(藤森康孝, 당시 57세)는 도박 빚을 갚기 위해 아내가 장남의 대학 등록금으로 쓰려고 들었던 보험을 2003년에 몰래 해약했다. 하지만 3년 뒤인 2006년 3월에 장남이 대학에 합격하여 등록금 70만 엔을 내기 위해

박한상 존속살인 사건 역시 미국 유학 중 도박에 빠졌던 아들이 아버지로부터 심한 꾸중을 듣고는 100억대 유산을 노리고 부모를 무참히 살해한 사건이었다.[22] 도박중독은 가족 해체를 넘어서 천륜까지 저버리게 만드는 무서운 병인 것이다.

그리고 여기에서 우리는, 합법적인 도박을 허가한 국가권력의 미필적 고의와 책임 소재에 대해 생각해 볼 필요가 있다. 그리고 이는 "도박중독은 100% 본인만의 책임인가?" "도박중독자도 서벌턴인가?"라는 질문에 대한 대답과도 연관성이 있다. 도박중독자들은 자신을 지켜줄 최소한의 안전망인 인간관계를 스스로 내팽개치고 고립된 소수자이자 뇌 병변 환자이다.[23] 따라서 그들이 도박중독에 이르는 과정에 국가권력의 미필적 고의가 작용했다는 사실을 제쳐 놓고서 과연 100% 모든 책임을 본인에게만 물을 수 있을지 필자는

---

아내가 보험을 확인하다 이미 남편이 해약해 버린 사실을 알게 된다. 결국 장남은 등록금을 내지 못해 3월 말 대학에서 제적되었고, 부부간에는 회복 불능의 심각한 다툼이 발생하였다. 그리고 그 열흘 뒤인 4월 10일, 아내와의 부부싸움 중, 격분한 범인은 아내와 아내를 편드는 장남을 함께 살해하고 만다. 「一斗缶事件」フリー百科事典『ウィキペディア(Wikipedia)』, https://ja.wikipedia.org/wiki/%E4%B8%80%E6%96%97%E7%BC%B6%E4%BA%8B%E4%BB%B6(검색일: 2022.6.1.).

22  「도박으로 3千(천)4百萬(백만)원 날려」,『동아일보』, 1994.05.27., https://newslibrary.naver.com/viewer/index.naver?articleId=1994052700209131003&editNo=45&printCount=1&publishDate=1994-05-27&officeId=00020&pageNo=31&printNo=22524&publishType=00010(검색일:2022.6.1.).

23  2022년 4월 16일 자 SBS 저녁 8시 뉴스에서는 코로나 우울증 증상과 고립감을 남보다 덜 느끼는 사람들에게는 5명 이상의 친밀한 인간관계가 있다는 사실을 밝혀낸 예일대 연구팀의 연구 결과를 소개하고 있다. 그 5명은 바로 가족, 친구, 그리고 직장 동료들이다. 그런 의미에서 도박중독은 우울과 고립으로부터 자신을 지켜 줄 마지막 보루인 인적 네트워크 보호막을 스스로 걷어차 버리는 나쁜 결과를 초래한다고 할 수 있다.

의문이다. 예를 들어 흡연 관련 소송이 그러하다.

1999년 12월 12일, 오랜 세월에 걸친 담배 흡연으로 인해 폐암과 후두암에 걸린 흡연자 6명과 그 가족 31명이 서울중앙지방법원에 제기한 담배 흡연 피해 소송은 2014년 4월 10일 대법원에서 원고 패소 판결이 내려졌으며, 2014년 4월 14일에 건강보험공단이 담배 회사를 상대로 제기한 손해배상 소송 역시 2020년 11월 20일의 1심 판결에서 원고 패소 판결이 내려졌다.[24]

한마디로 요약하자면, "흡연은 개인의 자유이자 선택의 문제", "흡연이 건강에 해롭다는 경고를 담뱃갑에 표시했다"라는 말은 곧 흡연자 본인의 행위에 대한 자기 책임을 강조한 말이다. 일견 그럴 듯해 보이지만 이는 니코틴의 중독성을 뻔히 알면서도 담배전매사 업을 통해 연간 약 12조 원의 담뱃세(담배 한 갑 4,500원 중 3,200원)를 징수하는 국가권력의 미필적 고의를 은폐하고 모든 책임을 흡연자 본인에게 떠넘긴 것에 지나지 않는다.

그리고 국가는 말한다. "자기가 좋아서 피우고는 이제와서 웬 딴 소리야? 남들은 알아서 금연하고 문제없잖아?" 비슷한 논리로 총 기 난사 사건이 빈발한 미국에서도 범인에게 총을 판 것에는 하등 문제가 없다고 말한다. 대다수의 사람들은 총기 난사 사건을 일으

---

24 이날 재판부는 건보공단이 요양기관에 보험급여 비용을 지출하는 것은 국민건강보험법에 따라 감수해야 하는 불이익이자 의무라고 판단했다. 또한 흡연과 폐암 발병 사이에 개별적 인과관계가 증명되지 않아 흡연 피해자들도 담배회사에 대한 손해배상 청구권이 없다고 봤다. 「건보공단, 500억대 담배소송 1심 패소…"담배회사에 또 면죄부"」, 『Medical observer』, 2020.11.20., http://www.monews.co.kr/news/articleView.html?idxno=215636(검색일: 2022.6.1.).

키지 않는데 꼭 문제를 일으키는 극소수가 문제라는 식이다. 이 같은 책임 회피 및 전가의 유체 이탈 화법이라면 도박장 허가를 내준 국가는 전혀 잘못이 없으며 개중 중독되는 '유별난' 몇몇 사람이 문제라는 책임 회피의 논리가 성립하게 된다.

인허가권자인 국가권력의 미필적 고의와 책임 회피는 어제오늘의 이야기가 아니다. 한국에서 큰 사회문제가 된, 2006년에 발생한 '바다 이야기' 성인 오락장 사건은 인허가권자인 국가권력의 미필적 고의의 전형이다. '바다 이야기'는 일본의 파치 슬롯 게임인 '우미 모노가타리(海物語)'를 베낀 도박으로, 숫자 7이나 수박 세 개가 횡 또는 대각선으로 나란히 배열되면 이기는 파치 슬롯의 게임 방식을 바다의 어류(문어, 조개 등) 버전으로 바꾼 게임이다. 게임 도중 고래, 상어 등이 나타나 곧 대박이 날 것임을 예고해 주는 기능과 연타 기능 등이 탑재된 고배당 게임으로, 당시 뇌물을 챙긴 공무원들이 사행성을 눈감아 주고 2005년 4월에 허가를 내 주자, 이후 전국적으로 1만 6,000여 개의 게임장이 난립하게 되었고, 당시 재산을 탕진하여 자살하는 사람이 속출하는 등 큰 사회문제로 대두되었다.

도박에 중독되지 않은 대다수를 예로 들어 도박 자체가 문제가 아니라 도박에 중독된 일부 개인이 문제라는 주장은 매년 총기 난사 사건으로 많은 사람이 희생되고 있는 미국의 전미 총기 협회에서 내놓는 단골 멘트와 너무도 흡사하다. "총은 나쁘지 않다. 그 총을 나쁜 용도로 쓰는 일부 악당이 문제다."라는 논리는 일견 타당해 보이지만, 그 총이 나쁜 용도로 쓰려는 사람에게 넘어가 얼마든지 총기 난사 사건이 발생할 수 있다는 사실을 뻔히 알면서도 이를 외면한 미필적 고의와 책임 회피가 그 뒤에는 감춰져 있는 것이다.

그런 의미에서 보자면, 80억 원을 도박으로 탕진하고 자살한 도박중독자의 유가족이 낸 소송(2010년 12월)에서 도박중독 사실을 알면서도 출입제한을 하지 않은 강원랜드의 60% 배상 책임을 지적한 판결은, 국가권력의 미필적 고의에 대한 책임까지는 묻지 못했지만, 강원랜드의 위법행위에 내포되어있는 미필적 고의에 대한 책임을 물었다는 점에서 가히 획기적이라 할 수 있다. 결국 최종적으로는 13억 2,000만 원이 유족에게 지급되었는데, 실제 도박으로 탕진한 돈의 약 15%만 되돌려받은 셈이다.[25]

하지만 아직은 도박을 한 본인의 자기 책임을 묻는 기조가 더 강한 것이 현실이다. 강원랜드에서 약 208억 원을 탕진한 B씨의 소송(2015년 8월) 결과, 출입제한 대상자가 되기 전 잃은 148억 5,000만 원과 출입제한 대상자가 되고 나서 잃은 59억 5,000만 원의 80%인 47억 6,000만 원은 본인 책임으로 봤다. 1심에서는 이를 제한 나머지 20%(11억 9,000만 원)만 강원랜드는 배상하라고 판결했지만, 2심

---

25 이 판결에서 법원은 가족의 출입 금지 요청 전에 잃은 돈 45억 8,000만 원은 본인 책임이라고 봤다. 즉, 도박중독자(환자, 심신미약)로 인정받기 전까지의 도박행위는 100% 본인 책임이라는 것이다. 또 출입 금지 요청 후에 잃은 돈 35억 원 중 13억 원 역시 소멸 시효가 성립되었기에 배상받을 수 없다고 판시했다. 그 나머지 22억 원 중 40%인 8억 8,000만 원도 도박을 한 본인의 책임(과실)으로 봤다. 그리고 나머지 60%는 병적 도박중독의 징후가 농후해 스스로 사행심을 억제할 능력을 상실했다는 것을 뻔히 알면서도 관광진흥법상 규정된 도박중독자에 대한 출입제한 조치를 어기고 A씨의 출입을 허용한 강원랜드의 위법행위 (과실)로 봤다. 「법원 "출입제한 조치 위법 해제한 책임 인정…강원랜드 자체는 적법"」 『CBS노컷뉴스』, 2010.12.24., https://news.nate.com/view/20101224n01669(검색일: 2022.6.1.).

에서는 그중 소멸 시효가 지난 6억 1,000만 원을 다시 제한 나머지 5억 8,060만 원만 배상하라고 판결하였다. 결국 실제로 잃은 돈의 약 3%만 되돌려받게 된 셈이다.[26] 약 231억 7천 9백만 원을 탕진한 도박중독자의, 1회 베팅 한도액을 넘어선 베팅을 묵인한 강원랜드에 대한 소송 역시 원고 패소 판결이었다.[27]

필자는 여기에서 몇 대 몇의 책임 비율을 따지고자 하는 것이 아니다. 국가권력의 미필적 고의에 대한 공동 책임을 물어야 한다는 것이다. 강원랜드에 출입하는 사람의 약 4.2%는 1년에 31일 이상 드나드는 고위험군이며 100명 중 적어도 4명은 중독자가 될 것임을 국가도 알고 있다. 하지만 국가권력은 그렇지 않은 나머지 사람의 예를 들며 그들에게만 문제가 있는 것처럼 말한다. "딴사람들은 다 문제없는데 왜 유독 너만 그래?"

하지만 우리 중 누구든 국가가 허용한 합법적 도박의 잠재적인 중독 예비군이며 국가가 허용한 합법 도박을 통해 도박에 발을 들여놓은 그중 누군가는 장차 도박중독자가 될 것이라는 사실을 뻔히 알면서도 모든 책임을 100% 본인에게만 묻고 국가의 미필적 고

---

26 「강원랜드에서 208억 탕진…7년 소송 끝 6억만 배상받아」, 『연합뉴스』, 2015.6.1., https://www.yna.co.kr/view/AKR20150531017000004(검색일: 2022.6.1.).

27 "자기 책임의 원칙, 카지노 이용자도 당연 적용" 강원랜드가 규정상 1회 베팅 한도액을 넘어선 도박을 묵인했더라도 그로 인해 거액을 잃은 고객에게 손해를 배상할 필요는 없다고 대법원이 판결했다. 대법원 전원합의체(주심 김소영 대법관)는 21일 정모씨가 강원랜드를 상대로 낸 손해배상 소송에서 "정씨에게 21억2천 200여만 원을 지급하라"며 원고 일부 승소로 판결한 원심을 깨고 원고 패소 취지로 사건을 서울고법으로 돌려보냈다. 「대법 "초과 베팅 묵인한 강원랜드 배상 책임 없다"」, 『한경닷컴』, 2014.8.21., https://www.hankyung.com/society/article/2014082135868(검색일: 2022.6.1.).

의에 대한 책임을 회피하려는 것은 부당하다고 본다. 합법 도박을 허가, 저위험 도박에서 고위험 도박으로의 관문 효과 및 도박중독을 사실상 방관한 미필적 고의에 대해 국가권력은 공동 책임을 지는 것이 옳다고 본다.

## 3. 한일 도박중독 대책의 문제점과 그 대안

도박중독자들은 점차 베팅하는 액수가 커지면서 따는 액수와 잃는 액수의 단위가 큰, '더 센' 도박으로 옮겨가게 되는데, 국가의 도박 규제가 가지는 한계점은 이러한 관문 효과와 깊은 관련이 있다. 이는 일본의 파친코 규제의 역사만 봐도 잘 알 수 있다.

예를 들어, 1964년에 등장한 일본 최초의 파치 슬롯은 한 번의 게임에 한 개의 메달을 넣는 방식이었다. 1977년에 나온 0호기는 한 번에 3개의 메달을 넣는 방식이었고 일정 수의 메달을 다 넣으면 게임이 강제 종료되는 방식이었다. 1985년에 1호기가 나오고 뒤이어 1.5호기가 나오게 되는데 1.5호기의 경우 메달 360개를 다 넣으면 게임이 강제 종료되었다. 1988년에 등장한 2호기는 한 게임을 4초마다 할 수 있도록 제한하였다.

하지만 그 이후의 1990년에 나온 3호기에서도 알 수 있듯이, 정부의 과도한 규제에 파친코 업자들은 반발, 암암리에 기계의 불법 개조를 하였다.[28] 파친코를 할 때, 4시간 안에 투입한 구슬의 1.5배 이상의 구슬이 나오지 못하도록 제한하는 방안이 현실성이 떨어지

190

는 이유는, 도박중독자는 구슬이 더 잘 나오는 불법 개조 기계가 있는 업소로 이동할 것이고 손님이 줄어들면 파친코 업자는 당연히 불법 개조를 몰래 할 것이기 때문이다.

1992년에 등장한 4호기 계통의 4.1호기는 차라리 사행성을 높여주는 대신 음성적인 불법 개조를 차단하기 위한 타협의 산물이라 할 수 있다. 한 번의 게임에서 최대 711개(구슬 한 개 20엔, 총 1만 4천 220엔)의 구슬이 나오고, 많은 경우 하루에 수만 개의 구슬이 쏟아져 나오는 경우도 생긴 것이다. 당시 구슬 1만 개가 20만 엔이었으니 하루에 수십만 엔을 따는 사람도 나오게 되었다. 하지만 4호기는 지나친 사행성으로 인해 퇴출이 된다. 그 후, 구슬 한 개가 4엔(소비세 포함 상한액 4.32엔)까지 떨어지게 되자 2015년에는 한 번의 대박, 즉 오아타리(大当たり)에 나올 수 있는 구슬의 최대 기대치가 7,200개(2만 8천 800엔)로 정해진다.

2018년에 등장한 6호기의 경우, 이전의 5호기에 비해 구슬이 나오는 스피드와 구슬이 빨려 들어가는 스피드에 제한을 가했다. 하지만 앞에서도 언급했듯이, 구슬이 한꺼번에 빨리, 그리고 많이 나올수록 게임을 하는 사람은 더 짜릿한 흥분과 재미를 느끼게 되어 있고 스피드가 느려지면 당연히 불법 개조된 기계로 이동하게 된다. 즉, 정부가 규제하는 합법적인 도박은 더 짜릿하고 센 도박을 추구하는 도박중독자들의 불법 도박으로의 이동을 오히려 부추기

---

28 「パチンコ」フリー百科事典『ウィキペディア(Wikipedia)』,
　https://ja.wikipedia.org/wiki/%E3%83%91%E3%83%81%E3%83%B3%E
　3%82%B3(검색일: 2022.6.1.).

는 것이다.

우리나라도 나름 도박중독 방지를 위한 각종 규제를 국가가 하고는 있다. 예를 들어 사행산업 매출 총량제가 그러하다. 매출 총량제는 사행산업별 매출 상한을 설정하여 사행산업의 지나친 성장을 막는 것이 그 목적이다. 하지만 수요 조절 없이 공급만 줄이는 매출 총량제는 오히려 사람들이 불법도박 시장으로 이동하는 풍선효과를 낳았다. 합법사행산업의 2019년 총매출액이 22조7,000억 원인데 비해 불법 도박의 시장규모는 2019년 기준 81조 5,000억 원으로 추정되고 있으며 이는 아무리 공급을 줄여도 줄지 않는 4배 가까운 수요가 풍선효과 및 관문 효과로 인해 합법 도박에서 불법 도박으로 이동했기 때문이다.[29]

그런 의미에서 본다면 한국에서 추진 중인 사행산업 전자카드제 역시 실효성이 없기는 마찬가지이다. 이 제도는 경마, 경륜, 스포츠토토, 카지노 매장에서 5만 원 이상 베팅하고자 하는 경우 개인 바이오(손가락 정맥) 정보가 담긴 전자 카드를 사용하게 하는 방식이다. 현재 카드 사용 의무형 매장과 그렇지 않은 자율형 매장(현금 사용도 가능) 방식의 두 가지를 시범 추진 중이지만, 그 성과에 대해서는 회의적이다. 베팅 액수가 제한되는 합법 도박에서 제한이 없는 불법 사설 도박으로 도박중독자들이 이동하는 풍선효과가 당연히 발생할 것이기 때문이다.[30]

---

29 참고로, 2021년 기준 일본의 합법 도박 시장규모는 22조 3,172억 엔으로 한국의 약 10배이다. 파친코와 파치 슬롯이 14조 6,000억 엔으로 경마, 경정(보트), 복권, 토토를 모두 합친 7조 7,172억 엔보다 두 배 더 많다.

30 즉 전자카드제를 의무적으로 이용할 경우 일반적인 이용자의 게임 이용을 감소

도박중독 대책의 일환으로 강원랜드의 경우 도박중독자에 대한 입장 제한 조치를 취하고 있다. 하지만 2018년부터 2020년 8월까지 본인과 가족들이 자발적으로 입장 제한 조치를 신청한 건수가 1만 1천여 건이지만, 본인에 의한 해제 신청 역시 1만 200여 건이라는 사실은 이 방법의 실효성을 의심케 한다.[31]

또, 2022년 1월 1일부로 가족이 카지노 출입제한을 요청하면 즉시 10일간 해당자의 카지노 출입을 제한하는 '가족 요청 출입제한 사전 등록제'를 시행하게 되었지만, 이 역시 회의적이다. 왜냐하면 강원랜드에서 입장 제한 조치를 당한 도박중독자가 하우스라 불리는 사설 불법 도박으로 넘어가는 사례에서도 보듯, 속칭 '하이에나'들이 이들을 노리고 있기 때문이다. 즉, 이 제도는 가족들에 의해 출입제한을 당한 도박중독자들을 노리는 불법 사설도박업자들에게 강원랜드 주변을 배회하는 그들을 10일간 마음껏 유인하라고 방치하는 것과 다를 바 없다.

도박중독자가 모든 것을 다 잃고 가족에 이끌려 치료 프로그램을 찾게 되는 것은 대개 도박중독 후 4, 5년이 훨씬 지나서이며 네

---

시킬 수 있지만, 경륜을 많이 이용하는 사람에게는 큰 상관이 없는 것으로 보인다. 의무형 전자카드제를 도입할 경우 중독성이 있는 경우 등은 계속 게임을 하지만 레저용으로 게임을 이용하는 사람들은 더이상 게임을 하지 않을 가능성이 존재한다. 따라서 전체 이용자 중 도박중독자의 수, 도박중독 유병률 등은 더 높아질 가능성이 존재하였다. 최성락 외(2018) 「경륜 사행산업에서 전자카드제 이용의 효과 분석」『한국사회와 행정연구』 vol.29, no.2, 서울행정학회, pp. 259-278.

31 「강원랜드, 최근 3년간 자의적 출입제한 신청 1만1천여 명 출입 해제 요청도 1만 2백여 건 달해」『에너지 타임뉴스』, 2020.10.20., http://www.enertopianews.co.kr/news/articleView.html?idxno=19879(검색일: 2022.6.1.).

다섯 번의 재발을 겪고 나서이다. 뇌가 다시 원래대로 회복되는 데만 최소 5년은 걸리며 그사이 여러 번의 재발을 되풀이하기에 너무나도 오랜 시간 동안 본인과 그 가족들이 고통을 겪는다.[32] '풍선효과'에다 '소 잃고 외양간 고치는' 식의 국가의 도박중독 규제대책에 대해서는 필자도 딱히 할 말이 없다. 다만 도박을 처음 접하는 시기인 10대 청소년과 20대 청년들의 도박중독 예방에 관해서는 국가가 좀 더 적극적으로 개입해야 한다고 생각한다. 그리고 당장 신경을 써야 할 것이 바로 온라인 도박중독 예방이다. 필자는 청소년 및 20대 청년들에 대한 도박중독 예방조치가 당장 필요하다고 보며, 이를 위해 국가가 취해야 할 조치로 다음의 세 가지를 제안하고자 한다.

**첫 번째로는 모든 미성년자와 20대 청년들의 스마트폰에, 실시간으로 작동하는 불법 온라인 도박 감시 앱을 의무적으로 깔도록 법제화하는 것이다.**

경찰청에서는 보이스피싱 악성 앱을 감시하는 보안 앱인 시티즌 코난을 개발하여 현재 무료로 제공하고 있는데 이러한 방식을 활용할 필요가 있다고 본다. 주지하는 바와 같이, 도박중독은 대부분 미성년 시기와 20대 때 일어난다. 따라서 우선은 미성년자와 30세 미만의 청년이 스마트폰을 개통할 시 불법 온라인 도박 보안 앱 설치를 의무화하여 이들이 온라인 불법 도박에 빠지는 것

---

32  신영철, 전게서, p.298.

을 막을 필요가 있다고 본다. 이를 국가에서 현재 운용하고 있는 불법 온라인 도박 감시 시스템과 연계한다면 그 효과는 더욱 클 것이다. 아울러, 해당 앱을 강제 삭제하지 못하도록 하고 스마트폰 초기 기동 시 반드시 자동 작동되도록 하거나, 도박업자가 제공하는 우회 루트로 불법 도박사이트에 접근하지 못하도록 차단할 필요가 있다.

가입 시 본인 스마트폰의 전화 주소록 및 카톡 주소록의 접근 권한 허가에 동의하게 하여 가족의 전화번호로도 계도 상담 문자가 자동 발송되도록 하는 것만으로도 상당한 예방효과를 거둘 수 있을 것이다. 또, 20대 청년의 경우 본인 동의를 받아 불법 온라인 도박 방지 보안 앱을 지우지 않고 10년 더 연장하는 것에 동의하면, 30세가 될 때까지 국가가 매달 5만 원 정도라도 통신비를 지급하는 방법을 고려할 필요가 있다. 만약, 미성년자나 20대 청년들이 그래도 불법 도박사이트에 접속했을 시에는, 미성년자의 경우 스마트폰 가입 당시의 보호자 연락처와 해당 지역 교육위원회(학교)에, 20대 청년의 경우 경찰청 사이버 수사대와 도박중독 상담 기관에 해당 스마트폰 번호의 접속 사실이 자동 통보되도록 하는 것이 필요하다.

두 번째로는 도박중독에서 벗어난 단도박 성공자의 인터뷰를 담은 5분 내외의 짧은 동영상 시리즈 제작 및 사례집 배포와 연계하여 독후감 대회를 각급 학교에서 개최하게 하는 것이다.

도박중독 유경험자의 이야기는 그 어떤 설명보다도 생생하게 학생들에게 와닿을 것이다. 특히 도박중독에서 벗어난 성공 사례는 도박중독으로 고통받고 있는 학생들에게는 큰 희망이 될 수 있다. 다만 유튜브 세대인 요즘 청소년의 특성을 고려하여 5분 내외의 짧은 분량으로 유튜브 동영상을 제작, 학생들이 부담 없이 볼 수 있도록 하는 것이 필요하다. 현재 정부에서 추진하고 있는 각종 온라인 의무 수강제도는 혼자서 몇 시간짜리 동영상을 본다는 점에서 집중 효과가 많이 떨어진다. 따라서 이러한 도박중독 사례집 동영상은 학생들이 모두 모인 가운데 함께 볼 수 있도록 하는 조치도 생각해 볼 필요가 있다.

또한 도박중독자들의 인터뷰 사례를 모은 얇은 책자를 각급 학교에 제작 배포하고 기프티콘을 부상으로 제공하는 독후감 대회를 연 1회 이상 개최한다면, 이는 학생들에게 도박중독의 무서움과 중독 과정을 간접적으로 경험하게 하는 효과가 있을 것이다. 물론 목적은 독후감 대회가 아니라 독후감 대회를 준비하는 과정에서 도박중독의 위험성을 깨닫게 하는 것이다.

주 대상은 고등학교 1, 2학년으로 하며, 현재 교육부에서 장려하고 있는 수업량 유연화(한 학기에 정해진 수업량 중 한 주 2시간 분량을 해당 교과와 연계하여 대학에서 출강하여 고등학생들에게 강의하는 방식)에 강사들을 파견하고 이를 수업 시수로 인정해 주는 방안도 생각해 볼 필요가 있다.

**세 번째로는 수퍼 전파자의 차단과 교사의 신고 의무화이다.**

청소년 도박중독의 경우, 소위 '양 떼 효과'가 발휘된다. 한 명의 수퍼 전파자가 반 친구 여러 명에게 온라인 불법 도박을 퍼뜨리는 식이다. 불법 도박 운영자들의 하수인(총판이라고 한다.)이 되어 버린 수퍼 전파자들은 꽁머니(친구를 도박사이트에 한 명 데리고 오면 5천 원씩 충전해줌)와 성 착취물이라는 두 가지 강력한 미끼로 학교 친구들을 온라인 불법 도박으로 유인한다.

따라서 교사에게 아동학대 신고를 의무화한 것처럼 불법 도박 신고도 의무화할 필요가 있다. 불법 도박 신고 포상제에서 규정한 포상금을 교사에게 주는 것도 한 방법이다. 또, 코로나 사태 초기에 위력을 발휘했던 확진자의 동선을 추적하는 시스템의 노하우를 불법 도박 확산 감시에 적용하는 방법도 고려해 볼 수 있다. 초등학교나 중학교에서 전수 조사를 통해 역순으로 학교 내 수퍼 전파자를 색출할 수도 있다.

다만 수퍼 전파자들을 강제 전학이나 퇴학을 시킨다고 해서 문제가 해결되는 것은 아니다. 소년 범죄의 경우 10호 처분(소년원 2년)이 가장 엄한 처벌이지만, 이미 도박에 중독된 소년들이 10호 처분을 받는다고 해서 도박을 멈추지는 않을 것이기 때문이다. 도박에 중독된 미성년자의 경우, 감정의 억제 조절을 담당하는 전두엽의 기능이 이미 많이 떨어져 있기에 의료기관과의 협조를 통한 치료가 반드시 수반되어야 한다.

애정 결핍과 보호 관리 감독의 부재, 그리고 자신을 억제할 수 있는 전두엽의 기능이 충분히 발달하지 못한 그들에게 도박중독을 스스로 이겨내라고 요구하는 것은 현실을 모르고 하는 소리이다. 또, 부모가 도박중독자일 경우 자녀가 도박에 중독될 가능성이 남보다 서너 배 높으며,[33] 도박중독자 중 알코올이나 약물, 도박 등에 중독된 부모로부터 아동학대를 당하며 성장한 경우가 적지 않다는 사실은 그들이 도박중독에 그만큼 취약하다는 것을 의미한다.[34] 2020년 현재 도박중독이 의심되는 한국의 청소년은 약 6만 6천 명이며, 그중 약 2만 명이 문제 도박군이다.[35]

다만, 의료계와의 연계를 통한 중독치료의 경우, 본인이나 가족에게만 맡겨서는 곤란하다. 최장 5년의 기나긴 중독치료를 거르지 않고 꾸준히 받는 것은 보통 일반인도 어려운 일이기 때문이다. 도박중독 치료를 받아 본 경험이 있는 동료 자원봉사자와의 1대 1 매칭을 통하여 치료를 중단하지 않도록 하는 행정지원이 뒷받침되어야 할 것이다.

끝으로, 도박중독 서벌턴 중에는 여성 도박중독자가 있다. 강원랜드를 떠도는 도박중독 여성들은 하룻밤 숙박을 위해서, 또는 베팅할 돈 5만 원 때문에 앵벌이를 한다. 여성 노숙자가 흔히 겪는 성착취 문제가 여성 도박중독자에게서도 발생하는 것이다. 국가권력의 미필적 고의에 의해 더욱 심화된 도박중독 서벌턴 문제는 새로

---

33 신영철 외, 전게서, p.263.

34 크레이그 네켄(2008)『중독의 심리학』, 웅진 지식 하우스, pp.190-217.

35 조사 결과 '2020년 청소년 도박 문제 실태조사'에 따르면 우리나라 중·고등학교 재학생의 도박 문제 위험 수준(선별도구:CAGI)은 조사대상 15,349명 중 2.4%(위험군 1.7%, 263명+문제군0.7%, 114명)가 도박 문제 위험집단으로 나타났다. 이는 우리나라 중·고등학교 재학생 약 269만 명 중 약 6만 6천 명이 도박 문제 위험집단(위험군 약 4만 6천 명, 문제군 약 2만 명)에 해당되는 것으로 추정된다.「한국도박문제관리센터, 2020년 청소년 도박 문제 실태조사 결과 발표」『세계일보』, 2021.3.12., https://m.segye.com/view/20210311512433(검색일: 2022.6.1.).

운 피해자를 확대 재생산해 내는 것이다.

## 4. 맺음말

최근 들어 가상 화폐와 주식 투자에 뛰어드는 청년들이 크게 늘었다고 한다. 취직이 잘되지 않고 정상적인 계층 이동 사다리와 집 장만이 거의 불가능해진 청년들이 영끌 주식 투자를 하거나 로또 명당을 찾는 것도 어쩌면 당연한 일인지 모른다. 문제는 그들 중 누군가는 장차 분명히 중위험 도박과 병적(문제) 도박으로 옮겨갈 것이라는 점이다.

한 명의 도박중독자가 발생하면 배우자, 자녀, 부모, 형제 등, 적어도 5명 내외의 가족들이 함께 고통을 겪으며 부모와 자식 간의 절연과 부부간의 이혼 등으로 사회의 근간인 가족이 해체되기도 한다. 또, 소년 범죄나 보험 사기를 저지르는 사람 중에는 유흥비 목적 외에도 다중채무나 도박 빚 때문에 범죄를 저지르는 사람이 적지 않으며, 여기에 도박중독 부모로부터 아동학대를 받다 범죄의 길로 들어선 청소년의 소년 범죄까지 포함하면 도박중독 피해율은 이제 곱하기 5가 아닌 그 이상이 된다. 그리고 그 피해는 결국 우리 사회 구성원 모두에게 돌아오게 된다.

도박중독자들은 미성년 시기 또는 청년기에 가벼운 기분으로 도박을 처음 접하게 되고 그중 누군가는 반드시 도박중독자가 된다. 그리고 그들 도박중독자와 피해 가족들이야말로 도박을 합법화하고 허용한 인허가권자인 국가권력의 미필적 고의의 최대 희생양임은 두말할 나위 없다. 도박은 100% 본인 책임이라는 논리는 국가의 미필적 고의를 은폐한 주장이며, 따라서 국가도 공동 책임을 함께 져야만 하는 것이다.

## │참고문헌│

거다 리스 저, 김 영선 옮김(2006)『도박 로마제국에서 라스베가스까지 우연과 확률 그리고 기회의 역사』, 꿈엔들, pp.205-206.

권영실 외(2014)「도박 심각도와 자살생각의 관계－도박 빚 압박감의 매개효과와 가족의 정서적 지지의 중재 효과를 중심으로－」『한국심리학회지: 건강』, Vol.19, No.2, 한국심리학회, pp.603-661.

금영진(2020)「일본 고전 속의 역병과 미신, 그리고 가짜뉴스－질병과 공동체로 본 일본 사회 서벌턴－」『일어일문학연구』115, 한국일어일문학회, pp. 21-41.

_____(2020)「한일 일용직 노동자 주거공간에서의 사건 사고를 통해 본 주거 빈곤 서벌턴 문제와 그 대책」『일본연구』vol.85, pp.45-67.

_____(2021)「일본시민단체 '제로 회의'의 아동학대 가해 부모 지원방식을 통해 본 서벌턴 상생의 가능성」『日本學研究』第64輯, p.101.

김나미 외(2019)「국외 중독회복 패러다임의 변화와 발전과정」『상담학 연구』20(4), pp.133-153.

노지현(2016)「탄광지역 노동자의 생애사 연구－탄광촌 키드에서 카지노 방랑자로」『비판사회정책』, 통권 51호, 비판과 대안을 위한 사회복지학회, pp. 521-563.

데이비드 니버트, 신기섭 옮김(2003)『복권의 역사』, 필맥, pp.159-187.

린다 버만 외, 김한우 옮김(2011)『도박에 빠진 가족 구하기』, pp.3-27.

신영철 외(2020)『어쩌다 도박』정신건강 의학 시리즈 01, 블루 페가수스, pp.1-333.

이경희 외(2011)「도박이용자의 도박중독과정에 대한 질적 연구」『한국심리학회지: 건강』Vol.16, No.1, 한국심리학회, pp.189-213.

이재원(2016)『중독, 그리고 도파민』, 찜 커뮤니케이션, pp.23.

이홍표 외(2005)『습관성 도박 치료 프로그램』한국마사회 유캔센터, 학지사, pp.9-207.

_____(2009)「한국사회의 도박 이용율과 이용실태 및 병적 도박 유병률－도박 종류를 중심으로－」『한국심리학회지:건강』Vol.14, No.2, 한국심리학회, pp.255-276.

장정은·전종설(2021)「단도박 실제 사례 연구-도박중독자에서 동료지원자로: 회복자인턴 경험을 중심으로-」『보건사회연구』제41권 제4호, pp.187-206.

정찬모 외(2007)『온라인 도박의 규제』, 정보통신정책연구원, pp.85-105.

최성락 외(2018)「경륜 사행산업에서 전자카드제 이용의 효과 분석」『한국사회와 행정연구』vol.29, no.2, 서울행정학회, pp.259-278.

크레이그 네켄(2008)『중독의 심리학』, 웅진 지식 하우스, pp.190-217.

히로나카 나오유키, 황세정 옮김(2013)『중독의 모든 것』, pp.149-162.

石田仁 他(2021)「パチンコ・パチスロ遊技障害研究成果最終報告書」, 公益財団法人日工組社会安全研究財団, pp.47-56.

小河妙子(2014)「賭博行動に関する心理学的研究の展望」『心理学評論』Vol.57 No.2, 東海学院大学, pp.200-214.

鍛冶博之(2014)「日本におけるパチンコの誕生・普及・影響」『社会科学』44-2, 同志社大学人文科学研究所, pp.75-104.

久里浜医療センター(2021)『「ギャンブル障害およびギャンブル関連問題の実態調査」報告書』令和2年度(2020年)ギャンブル等依存症実態調査研究事業, p.6.

宝くじ問題検討会(2010)「宝くじ問題検討会報告書」, pp.1-45.

谷岡一郎(2002)　「宝くじは社会的弱者への税金か?—JGSS-2000データによるナンバーズ・ミニロトとの比較研究：「Friedman=Savageモデル」の日本における検証を兼ねて—」『JGSS研究論文集』[1], 大阪商業大学総合経営学部, pp.1-18.

姫井昭男(2016)「ギャンブル依存症とその近縁依存症の実態と支援」『市民と法』No.97, pp.70-75.

厚生労働省(2018)「ギャンブル依存症の理解と相談支援の視点」厚生労働省 社会・援護局 障害保健福祉部 精神・障害保健課 依存症対策推進室, p.6.

福井弘教(2017)「＜研究ノート＞日本におけるギャンブル依存症患者に関する一考察—依存症患者の脳機序に着目して—」『技術マネジメント研究』16, 横浜国立大学技術マネジメント研究学会, pp.25-37.

＿＿＿＿＿(2018)「日本におけるギャンブル政策に関する考察：日韓ギャンブル政策の比較分析を通して」法政大学公共政策研究科『公共政策志林』編集委員会, pp.89-103.

鷲田和夫 他(2009)「ドーパミンアゴニストで病的賭博を呈した1例」『日本内科学会雑誌』98巻1号, pp.147-149.

# 원고 초출

**제1장** 서벌턴 연구에서 '재현'의 문제와 지식인의 역할　　　　　김경희

「서벌턴 연구에서 '재현'의 문제와 지식인의 역할-일본의 당사자성 문제에 주목하여-」『일어일문학연구』제122집, 한국일어일문학회, 2022년 8월

**제2장** 『오치쿠보 이야기』에 나타난 사회적 약자로서의 여성의 삶　이부용

「『오치쿠보 이야기』에 나타난 사회적 약자로서의 여성의 삶」『日本語 文學』제95권, 한국일본어문학회, 2022년 12월

**제3장** 아이누 민족의 문화적 주체화　　　　　　　　　　　　　김영주
일본의 대중매체를 중심으로

「아이누 민족의 문화적 주체화-일본의 대중매체를 중심으로-」『일 어일문학연구』제125집, 한국일어일문학회, 2023년 5월

**제4장** 근대 일본 사회의 '장해자' 인식에 관한 고찰　　　　　　이권희
메이지 시대의 장해자 교육를 중심으로

「근대 일본사회의 '장해자' 인식에 관한 고찰-메이지 시대의 장해자 교육를 중심으로-」『日本思想』제43호, 한국일본사상사학회, 2022년 12월

제**5장** 오사카 재일 코리안의 '공생'과 '상생'                    강소영
    서벌터니티를 넘어 트랜스내셔널로

    「오사카 재일 코리안의 '공생'과 '상생'-서벌터니티를 넘어 트랜스
    내셔널로-」『일어일문학연구』제125집, 한국일어일문학회, 2023년
    5월

제**6장** 식민지, 전쟁, 원폭과 트랜스내셔널 서벌턴                오성숙
    한국 원폭 피해 여성의 역사 주체 되기

    「식민지, 전쟁, 원폭과 트랜스내셔널 서벌턴: 한국 원폭 피해 여성의
    역사 주체 되기」『한일군사문화연구』제37권, 한일군사문화학회,
    2023년 4월

제**7장** 한일 서벌턴의 도박중독과 국가권력의 미필적 고의          금영진

    「한일 서벌턴의 도박중독과 국가권력의 미필적 고의」『일어일문학연
    구』제122집, 한국일어일문학회, 2022년 8월

## 저자약력

**김경희**  한국외국어대학교 미네르바 교양대학 조교수
**이부용**  강원대학교 강원문화연구소 전임연구원
**김영주**  한국외국어대학교 강사
**이권희**  단국대학교 자유교양대학 초빙교수
**강소영**  한국외국어대학교 일본연구소 전임연구원
**오성숙**  한국외국어대학교 일본연구소 전임연구원
**금영진**  한국외국어대학교 일본언어문화학부 강의중심교수

이 저서는 2019년 대한민국 교육부와 한국연구재단의 지원을 받아
수행된 연구임.(NRF-2019S1A5C2A02081178)

일본 사회의 서벌턴 연구 6
서벌턴의 재현과 주체화

| | |
|---|---|
| 초 판 인 쇄 | 2024년 01월 23일 |
| 초 판 발 행 | 2024년 01월 29일 |
| | |
| 저　　　자 | 김경희 · 이부용 · 김영주 · 이권희 |
| | 강소영 · 오성숙 · 금영진 |
| 발 행 인 | 윤석현 |
| 발 행 처 | 제이앤씨 |
| 책 임 편 집 | 최인노 |
| 등 록 번 호 | 제7-220호 |
| | |
| 우 편 주 소 | 서울시 도봉구 우이천로 353 성주빌딩 |
| 대 표 전 화 | 02) 992 / 3253 |
| 전　　　송 | 02) 991 / 1285 |
| 홈 페 이 지 | http://jncbms.co.kr |
| 전 자 우 편 | jncbook@hanmail.net |

ISBN 979-11-5917-240-3  94300　　　　　　　정가 15,000원
　　　979-11-5917-211-3  (set)